U0680348

新时代教育高质量发展书系
XINSHIDAIJIAOYUGAOZHILIANGFAZHANSHUXI

学有所长 术有专攻

专家型教师是如何修炼成的

周 红◎著

中国大百科全书出版社　知识出版社

图书在版编目（CIP）数据

学有所长，术有专攻 ：专家型教师是如何修炼成的 /
周红著. -- 北京 ：知识出版社，2020.8
（新时代教育高质量发展书系）
ISBN 978-7-5215-0204-6

Ⅰ．①学… Ⅱ．①周… Ⅲ．①师资培养—研究 Ⅳ.
①G451.2

中国版本图书馆CIP数据核字(2020)第125742号

学有所长，术有专攻：专家型教师是如何修炼成的　　　周 红 著

出 版 人	姜钦云
出版统筹	张京涛
产品经理	王云霞
责任编辑	冯　然
特约编辑	曾旭明
装帧设计	肖国旺
出版发行	**知识出版社**
地　　址	北京市西城区阜成门北大街 17 号
邮　　编	100037
电　　话	010-88390659
印　　刷	北京一鑫印务有限责任公司
开　　本	710mm×1000mm 1/16
印　　张	14.5
字　　数	173 千字
版　　次	2020 年 8 月第 1 版
印　　次	2023 年 3 月第 7 次印刷
书　　号	ISBN 978-7-5215-0204-6
定　　价	40.00 元

版权所有　翻印必究

序

    教育是关乎千家万户的事业，任何一个社会，都需要教育思想的引领。时代在变，教育也在变。然而，变中也有"不变"，所以，我们要对教育进行哲学的思考，只有搞清楚了哪些需要变，哪些不能变，才能真正做好教育。而教育的本质是什么，什么是好的教育，理想的教育是什么样的，这些最基本的教育问题应是教育哲学思考的源头。只有弄清楚这些最基本的问题，我们才能找到正确的方向，办出有质量的教育。

    教育是培养人的事业，是一个通过培养人让人类不断走向崇高、生活更加美好的事业。因此，教育最重要的任务是塑造美好的人性，培养美好的人格，使学生拥有美好的人生。如何达成这样的目标？那就需要一批有理想、有情怀、有追求、有实干精神的校长和教师，用自己的青春和智慧去践行。而在现实中，也确实有这样一群人，他们热爱教育事业，关爱每一个学生，一步一个脚印，用脚去丈量教育，用心去感受教育，用智慧去点亮教育。

    如何将这样一群人聚在一起，用他们的智慧去影响更多的教师？

    中国大百科全书出版社、知识出版社策划出版了"新时代教育高质量发展书系"，进行了可贵的探索。他们在全国范围内汇聚了60名优秀的教育工作者，这些教育工作者大多是扎根教育一线的优秀校长和教师。书中的经验、实践、体会和思想，既有教学的艺术，也有管理的智慧；既有育人的技巧，也有师德的弘扬；既有教师的发展思考，也有校长的成长感悟；既有师生关系的融通之术，也有家校关系的弥合之道。60本书，60个点，每一个点都是一门学问，一门艺术。

我今年给"新教育"的同人写过一封新年信，题目是"让教育沐浴人性的光辉"，从三个方面对教师的工作提出了建议。我也把这三条建议送给这套丛书的作者和读者朋友。

一是要善待我们自己。要珍惜时间，张弛有度，让人生丰盈；发现教师职业魅力，做一个善于享受教育生活的人；培养健康的爱好，做一个有生活情趣的人；与学生一起成长，做一个在教育过程中不断进取的人；不断挑战自我的最高峰，做一个创造自己生命传奇的人。

二是要善待学生。要把学生作为一个真正的人看待，让学生能够张扬自己的个性，发挥自己的潜能，成为更好的自己。在我们教室里的学生，首先是活生生的生命。我们应该从生命的角度考虑，如何帮助他成为一个人，一个有理想、有激情、有智慧的人，一个能够适应社会并且受人欢迎的人，一个挖掘自身潜能、张扬不同个性的人。

三是要把教育的温暖传递给社会。许多问题，归根结底是教育的问题。尽管我们任何一个人，作为个体的力量都是有限的，但是，再渺小的个体，也能够温暖身边的人。所以，我们要让所有和我们相遇的人，都能够感受到我们的美好和温暖，这也是让人与人之间，让全社会变得更美好、更温暖的有效方式。

有人性的人是明亮的，有人性的教育是光明的。让教育沐浴人性的光辉，我们的今天将会更加幸福，我们的明天将会更加美好，我们的世界将会因此璀璨。

是以为序。

朱永新

2020 年 5 月 1 日

目　录

第 一 章

专家型教师的概念及基本特征

第一节 专家型教师概念的界定

习近平总书记在全国教育大会上指出："教师是人类灵魂的工程师，是人类文明的传承者，承载着传播知识、传播思想、传播真理，塑造灵魂、塑造生命、塑造新人的时代重任。"国家要发展，教育必须先行，而发展教育，首要就得有好老师。"专家型教师"是现在大家公认的好老师，那么什么是专家型教师呢？在探讨专家型教师之前我们先厘清教师专业化的概念。

教师专业化是教师在整个职业生涯中，通过终身学习与训练获取教师职业的专业知识与技能，形成专业道德与品格，养成专业自律与自主，以逐步提升自身的职业素质水平，从而不断向专家型教师迈进的过程。因此，教师专业化一般具有两层含义：一是指一个普通职业群体逐渐符合专业标准，成为专门职业并获得相应专业地位的过程；二是指教师这一职业群体的专业性质和状态处于何种情况和水平。具体来说，一个人在成为职业教师之前，必须接受专门培训，不断提升专业情感、专业信念、专业品格、专业知识及专业能力等专业素质。所以说，教师专业化的过程就是教师逐渐成长的过程，而专家型教师其实就是专业化完成得非常出色的教师。

对于到底什么是专家型教师，国内外学者进行了不少研究与论述，但是并没有一个确定的说法。国外学者对此有代表性论述的是斯滕伯格、贝利纳、司德菲等人。

美国心理学家斯滕伯格在原型观的基础上，把专家型教师称为有教学专长的教师，他在其他领域有关专家行为的心理学研究基础上，提出专家型教师应该具有的一般特征，对此我们在后文将有介绍。

贝利纳在人工智能研究领域"专家系统"思路的启发下，将教师职业发展分为新手型、熟练新手型、胜任型、业务精干型和专家型五个阶段。

司德菲依据人文心理学派的自我实现理论建立了教师生涯发展模式，这与贝利纳的划分有相似之处，他将教师职业发展划分为预备生涯、专家生涯、退缩生涯、更新生涯和退出生涯五个阶段。

国内学者的论述主要集中于以下几种观点。

卢真金把专家型教师称为学者型教师，他提出青年教师的发展分为适应、分化定型、突破和成熟四个阶段。其中成熟阶段的教师是专家型教师，其标准是：不仅实现了先进理论与科学实践的融合，而且推动了教育理论与教育实践的发展；不仅形成了自己独特的实践操作体系，而且形成了自己独特的教学思想或教育理念，形成了自己完整的教学体系、教学风格和流派。

刘岩认为，专家型教师除了要具有一般教师从事备、教、辅、改、考等教学实践素质外，还必须具有一定的科研素质（即掌握一定的从事科学研究的知识和方法），具备一定的科学研究能力，并强调科研素质是专家型教师与一般教师的最大区别所在。

周志平认为，专家型教师不仅要通晓所教学科的专业知识，具备多年的教学实践经验，而且在培养学生良好的道德品质，调动学习的积极性，使之在学会学习、学会创造等方面教学艺术高超、教学效果显著，有自己一套成熟的教学理论，并被社会认可。

常海山、孟保才认为，专家型教师的标准应该是：具有积极进取、勤奋好学的思想，具有勤于思考、求异创新的思维，具有教研结合、成果丰硕的行为，他们不仅教学成绩突出，而且科研成果丰硕。

而通常人们所说的专家是指在学术、技艺等方面有专门技能或专业知识全面的人，或者是对某一学科或某项技艺有较高造诣的专业人士。由此可见，作为一名专家型教师，他必然要有本专业扎实的理论基础知识，有丰富的教学经验，掌握教育学、心理学规律，并能有相关学科领域的专业知识。

通过中西方专家对专家型教师的论述，我们把教师群体中那些热爱教育事业，拥有丰富的教学经验，熟悉国内外教学理论与实践的最新成果，有较强的学科教学或教育实践能力，在教育活动中发挥了骨干作用的教师称为专家型教师。

我们可以说，专家型教师确实是教师中的佼佼者，他们不管从道德修养、职业素养、学术积淀还是教学艺术来说，都可以作为普通教师学习的榜样和楷模。

第二节 专家型教师的基本特征及表现

理解了专家型教师的概念，再来看看一些国外学者对于专家型教师的基本特征是怎么概括的。

斯滕伯格是这么描述专家型教师的基本特征的。

1. 将更多的知识运用于教学问题的解决

这些知识包括所教学科的内容知识，一般教学方法知识，与具体教学内容有关的教学知识以及教学得以发生的社会和政治背景知识。

2. 解决教学问题的效率高

他们能在较短的时间内完成更多的工作，或者明显只需要较少的工夫。秩序化的技能使得他们能将注意力集中于教学领域中的高水平推理和问题解决上。在面对问题时，他们具有计划性且善于自我觉察，时机不成熟时，他们不会提前进行尝试。

3．富有洞察力

他们能够鉴别出有助于问题解决的信息，并有效地将这些信息联系起来。他们能够通过观察，找出信息的相似性，运用类推的方法重新建构问题的表征。他们能够对教学问题给予新颖而恰当的解答。

在贝利纳看来，专家型教师对教学情境的观察和判断是依靠直觉的，无须进行仔细分析和思考，凭借经验就能准确地发现问题，并采取适当的解决方法。对教学情境中问题的解决不仅达到了快捷、流畅和灵活的程度，而且达到了自动化的水平。在没有意外发生的情况下，不需要有意识的努力就可以处理遇到的各种教学问题。在一般情况下，很少表现出反省思维，只有问题的结果与预期不一致时，才会对问题进行反思和分析。

司德菲认为，处于专家生涯阶段的教师应该具有较高水平的教学能力与技巧，同时拥有多方面的信息来源，能进行有效的时间管理和班级管理，对学生抱有高度的期望。热爱工作，在工作中能激发潜能，达到自我实现的目的。

由此可见，专家型教师是具有鲜明特征和外在表现的，或许是气质，或许是教学方法，或许是对待学生的态度。

一、专家型教师的外在表现

专家型教师在教学理念观念和教学方式方法等各方面会有一些比较鲜明的个人特色和特点。

（一）专家型教师热爱教育事业

专家型教师真心热爱教育事业，喜爱每一个学生，能够安贫乐道，不图名利，不受外界环境影响，可以一心一意扑在教育事业上。

（二）专家型教师对待学生热心

专家型教师会时刻把学生放在心上，发现问题及时解决、及时处理，使学生知道教师时刻都在他们身边。经常给学生个人或集体传递智慧的、善良的、勇敢的精神，启迪学生拼搏向上的思想，滋润学生的心灵，促进师生间的情感。

（三）专家型教师对待管理上心

专家型教师对待班级管理会特别上心，做到勤上班、勤视察、勤早操检查、勤课外活动辅导以及勤家访，处理事务快而有条不紊、干净利索、多快好省。专家型教师既要教书，又要育人，还要搞科研，需要处理很多事务。他们不会因为备课、改作业、总结、家访等工作放松对班级的管理。

（四）专家型教师对待意见有心

对待不同意见，专家型教师虚怀若谷、平易近人，他们深知"良药苦口利于病，忠言逆耳利于行"，能够听取各方的意见，如学校领导意见、同行意见、学生意见以及家长意见。尤其在听取不同意见时，专家型教师表现得非常大度，能接纳来自各方面的批评和建议。

（五）专家型教师勇于创新

专家型教师善于思考，勤于归纳总结，充分发挥创造性思维，在面对全班性格各异的学生和复杂多变的班级事务时，能够在分析、比较、判断和理解的基础上，想出解决问题的新方法、新方案。

二、专家型教师的内在特质

所有表征的东西，其实都是内在因素的体现。上文所述的专家型教师所具有的外在表现，是他们特有的内在特质产生的结果。专家型教师的内在特质主要有以下几点。

（一）对于所从事职业有着坚定的内驱力

专家型教师一般都能做到敬业爱岗，教书育人，为人师表，兢兢业业，他们对于教育工作的选择，不是为了养家糊口，而是有着绝对的忠诚和热爱，有着坚定的内驱力。社会上的不稳定因素和金钱的诱惑力丝毫不能动摇专家型教师作为老师的信念。

专家型教师对于教育事业的内驱力可以从以下几个方面来分析。

1. 对事业专一热爱

专家型教师认为自己是人类文化的传承者，他们自觉地以获取知识、传道授业、培养人才为自己的责任和义务。因为教育学生是他们的乐趣所在，所以他们可以全身心地投入在教育事业上。他们对于知识的积累、教育艺术的提升是自觉自愿的，他们有成为学科带头人、教育行家的内在意愿和追求。

2019年夏天刚刚去世的中国情境教育创始人、全国教书育人楷模、教育家李吉林老师是从普通教师中成长起来的教育专家。她说过，爱是好老师的第一素养。教师，也是诗人。教师也在用心血写诗，而且写着人们最关注的明天的诗。不过那不是写在稿纸上，而是写在学生的心田里。她认为，当教师远比蜡烛永恒，照亮了别人，升华了自己；即便是比作"春蚕"，也绝不是"春蚕到死丝方尽"，而是丝虽尽，却身不死。

2. 对学生倾注爱心

爱的情感是衡量道德最灵敏、最精确的天平。教师对学生的热爱是衡量其教育能力的一把特殊尺子。孔子曰："爱之，能勿劳乎？忠焉，能勿诲乎？"这表明师爱是具体可感的。有了具体可感，是否就是有师爱了呢？答案并不那么简单。

【案例一】

一位老师上课时发现一名学生未到，焦急地自语："小张怎么还没来？"一次又一次到门口张望，久不见学生的身影，老师诚恳地向大家道歉："耽误了大家时间。"从老师焦急不安的神情中，同学们感受到了老师的爱心。后来小张得知此事，感动得热泪盈眶。另一位老师效仿之，课后却有同学不满地说："老师搞什么名堂，大概是没备好课，靠这两分钟准备准备吧。"被等的那名同学也气愤地说："这纯粹是当众出我的洋相。"

【案例二】

一位青年教师观察一位有几十年教育经验的老教师讲课时发现，每当上课铃响时，老教师总站在门口慈祥地看学生鱼贯而入。若有学生玩得满头大汗跑着进教室，老教师便在他肩上轻轻一拍，作用非常神奇：此学生马上就镇静下来，安心听课。这位青年教师见状，如获至宝地把这一诀窍搬到自己班里用，结果非常糟糕，凡是被他拍过的学生，上课都烦躁不安，冷静不下来。

同是"等"，同是"拍"，为何效果竟如此不同呢？深究原因，主要是平时的师生感情在起作用。一个平日对学生冷漠、疏远，在师生双方缺少感情沟通的情况下，冷不丁地使用"等""拍"的方式，只能使学生产生猜疑心理。其实，要建立亲密的师生关系，没有必要装腔作势或生搬硬套，只要自然地、发自内心地流露出真诚的爱就可以了。

对于社会，师爱是更深层的奉献。对于学生，如果家长和教师付出了相同的爱，学生心中师爱的权重值将比家长爱的权重值高得多。师爱具有很强的渗透力、感染力和征服力。学生最适宜在充满爱的生活环境中成长，所以热爱学生是教育成功的前提和基础。

3．对金钱淡然待之

在当下这个时代，让一个人对金钱淡然待之，听起来不可思议。但是要成为一个专家型的教师，还真就要做到安贫乐道。要坚信人生的意义在于奉献，教师的职责在于培养人才，在于给国家培养合格的、优秀的接班人。作为教师要有度过兢兢业业而又默默无闻一生的心理准备。

高速发展的经济社会，光怪陆离的世俗生活，对象牙塔中的每一个人都是极大的挑战，当然对老师们也不例外。身教胜于言传，老师们自身高尚的道德，就是对学生们最好的教育。为老师们创造教书育人的良好环境，一直是党和国家关心并为之努力的大事。而作为老师自己，如果追名逐利，经不起金钱的诱惑，那自然是担负不起教书育人的重担。

2019年全国教书育人楷模、西藏双湖县协德乡完全小学校长拉姆的事迹，给我们完美阐释了这一点。2006年大学毕业后，拉姆主动申请到位于羌塘草原腹地的双湖县任教。她为了改变学生基础差的状况，主动当班主任，主动给走读的学生补课。她常常给学生说的一句话是："孩子们，你们一定要从这里走出去，去条件更好的地方，把父母也带到条件更好的地方去。这些，需要通过努力学习去实现。"13年来拉姆教过1600名学生，他们中绝大多数都升入高中继续学习。2019年拉姆带的第一届学生参加了高考，大部分学生都考上了自己心仪的学校。

（二）教育水平和能力突出

1．善于处理非常规教育事件

专家型教师头脑灵活、反应敏捷、处世机警，在教育教学和管理方面经验丰富，非常善于处理非常规教育事件，有着优于一般教师的教育机智。教育机智一般是指在教育教学及管理过程中处理偶发事件时所表现出来的一种灵感和智慧。专家型教师在处理非常规教育事件时，能掌握主动性，使消极被动的事情向积极主动的方向转化。

【案例一】

　　某日放学后，校门外聚集着外校的五六个学生等着和班上的小强打架，校门口一时秩序大乱，社会影响极坏。小强大概意识到问题的严重性，躲到教室里没有出去。班主任王老师闻讯赶到，斥走了校外学生，及时制止了这一场可能发生的打斗。经过了解，王老师发现，原来小强仗着人高马大常欺负小彬，小彬把事情告诉了自己的几个哥哥，哥哥们气不过，要来给弟弟出口气。王老师没有把两位同学简单训斥一顿了事，而是把小强和小彬请到办公室。两个孩子，眉宇间流露着倔强、气恼和畏惧，流露着想为自己据理力争的勇气及决心，也似乎在等待着一场暴风雨般的训斥。结果王老师平静地对小强说："小强，你今天该受到表扬。"学生惊讶了，王老师继续说，"我表扬你是因为今天你的朋友在你身边，你却没有请他们帮你打架，而是采取了回避的方式。我认为这是你较以前有的进步，是你理智的处理问题，积极要求上进的表现，对不对？"小强听了，脸微微泛红，态度不再强硬。王老师接着说，"小彬为什么会找人来打你呢？这个问题你应该很清楚。你想想，如果你要把这件事处理得更妥当些，你还应该怎么做？"在王老师的引导下，小强对立的情绪逐渐消失了，他主动向小彬同学道歉，承认自己平时仗着个头大而欺负他的错误，并表示要痛改前非，团结同学。而小彬同学也意识到问题的严重性，对自己纠集同学打架的错误行为进行了深刻的检讨。就这样，两个同学握手言和，冰释前嫌了。但事情并没有完结，为避免留下"后遗症"，王老师还走访了小强和小彬两家，得到了家长的支持和配合，真正平息了打架纠纷所引起的种种问题。

【案例二】

一个西部山村小学的新学期开始了，学校为同学们配备了一台显微镜。生物课上，老师带领着同学们通过显微镜看到了微观世界，开阔了眼界，增长了知识。老师和同学们非常珍惜这台显微镜，每次下课后都会小心翼翼地把它收放在教室的教具柜中。一天上午，同学们忽然发现放在教具柜里的显微镜不见了踪影，同学们都很着急，他们并把这个消息报告给了生物老师，而生物老师也不清楚显微镜的去处。于是班长和同学们决定去寻找显微镜的下落。经过分析，他们把小明同学作为重点怀疑对象，并商量一起去小明同学家进行核实。第二天下午放学后，同学们一起来到了小明同学家中，他们走进院子，透过窗户向屋里张望。他们发现小明正在用显微镜兴致勃勃地观察小昆虫。终于破案了！同学们非常的气愤。他们激愤地把小明扭送到学校。同学们纷纷向老师告发小明的"不轨行为"。生物老师看到尴尬的小明以及"失而复得"的显微镜，立刻明白发生了什么事。她微笑着让大家不要着急，此时老师的头脑飞快地运转着，只见她忽然"哎呦"一声，同时使劲拍了拍自己的脑门，说道："看看我这脑子啊，天天忙着备课、上课，竟然把前几天借给小明同学显微镜的事情忘了个干净。"小明听完当时就愣住了。接着，老师肯定了班长和同学们热爱班集体以及公物的品格，同时又教育他们以后对待同学应该多加关爱和信任。等同学们走后，小明单独向生物老师道歉，并保证以后再也不会发生类似的事情。

案例一的突发性事件体现了王老师遇事冷静，处置迅速，克制了自己内心焦急、愤怒等不良情绪，没有感情用事，不分青红皂白地对学生大喊大叫，凭自己的好恶去评价学生，更没有以权压人，强词夺理，讽刺、挖苦、变相体罚学生。在批评学生前，全面了解了事情的来龙去脉，没有仅凭表面现象和片面之词妄下结论。通过实事求是，对症下药，使得学生心服口服地认识和改正错误，并在事后进行了家访，从根本上解决了问题，体现了高超的管理艺术和教育能力。案例二的事件开始很明显是一个非常不好的事情，但是由于老师比较善于处理非常规教育事件，采用了比较得体的方法，她把矛盾焦点从小明身上转移到了自己身上，使小明免于尴尬的境地，并对自己的行为进行了深刻地反省，通过对这样一个负面事情的妥善处理，起到了对小明感化教育的作用，达到了教育的真正目的。

偶发的非常规事件在日常教育教学中随时可以发生。古人云："人非圣贤，孰能无过？"更何况性格各异的学生，正处在调皮捣蛋的年纪，专家型教师能和调皮的学生和睦相处，应付自如，其实往往是"宽以待人，容人之过"，这正是他们教育水平高超的表现。

2．教师作风民主，师生关系融洽

专家型教师作风一般都比较民主，他们将师生关系视为朋友关系，能够做到平易近人，学生愿意与他们交往交流，也愿意向他们透露内心的小秘密。

【案例】

北京某大学教务处长苏海佳有很多头衔，教授、博士生导师、国家杰出青年基金获得者、"万人计划"国家名师、北京市生物加工过程重点实验室主任，但她最常用的称谓还是"老师"。

1996年至今，苏老师教过的学生已有数千人。每年教师节前后，都有不少孩子回来看望她，或者在遥远的工作岗位上给老师送来教师节的祝福。对于一直在教学岗位上播种真心的"园丁"苏老师来说，这是最大的收获。"我喜欢做老师。"苏老师说，"家长把孩子送到学校来，肯定希望老师能像家长一样对待自己的孩子，做老师必须真心为学生着想。"

1996年入职后第一次当班主任，学生便称她为"知心姐姐"。班里有些学生高考发挥失常，被第二志愿录取过来，有一定的心理落差。不过好在他们非常认可苏老师清华毕业的身份，特别愿意跟她交流。我跟他们说："本科是一个平台，如果肯继续努力，还能达到更高的目标。"苏老师打心底里想帮学生点燃新的希望。最后，她带的这个班考研率达到50%，很多学生实现了自己的梦想。

而近年来，随着年龄的增长，苏老师的角色从"知心姐姐"转变成了"妈妈"。有一年，她准备带一个研究生去西班牙参加国际学术会议，不巧遇上她自己的课题需要答辩，但机会实在难得，她就想让学生自己历练一下，独自前往，到了当地再请朋友帮忙照顾他。

学生此前没出过国，想打退堂鼓。"去吧，你是个男孩子，没事。"苏老师逼着他去了。就像看着孩子出远门的家长一样，这一路上她担心得不得了，嘱咐学生每次起飞降落的节点都要给她报平安。"苏老师，我上飞机了。""苏老师，我下飞机了。""苏老师，我转机了，已经登机。""苏老师，我下飞机了，已经接到我了。"得知学生安全落地，苏老师的心终于放回了肚子里，就像雏鹰被老鹰逼到悬崖上练习飞翔。如今，这个学生已经成为一名优秀的博士。

"虽然他们论文写不好的时候我也批评他们，吓得他们都不敢见我。但是每个研究生第一次发表的论文，我都是带他们10遍、20遍地修改，从论文构思、到论文架构、语言图标等，慢慢打磨。"苏老师说，"这个过程很折磨人，但把结构和思路从头到尾过一遍，他们以后再写东西就轻松多了。"苏老师带着许多学生走过了这个痛苦的蜕变期，七八年下来，他们真的就跟自己的孩子一样。所以对于一个老师来说，学生毕业其实是件令人伤感的事情。不过毕业时苏老师有多伤感，孩子们回来看她时她就有多欣慰。这些已经走出校门的学生，有的会请苏老师帮他们分析工作机遇、谈谈自己的困惑；有的每年都给她发一份年底工作、生活总结，告诉老师自己都取得了哪些成就；有的会让她帮忙参谋一下新找的男朋友合不合适，给她发自己小孩的照片；甚至有的干脆拖家带口地回来看她。

"之前有个学生回来跟我说，'苏老师啊，我终于知道当年您看我们的论文为什么那么生气了，我现在太有体会了！当年我们怎么折磨您，我现在的学生就怎么折磨我。'"苏老师一边讲，一边忍不住哈哈大笑。

通过苏老师的故事，我们就可以更加直观地看到，作为一名专家型教师，该如何对待学生，远远不是课堂45分钟那么简单。苏老师是用真心对待学生，和学生交朋友，陪着学生们从"雏鹰"到"羽翼丰满的老鹰"。

3．语言表达能力超群

语言是人类传递信息的载体，是教育者向受教育者传递信息的重要工具。这里要讲的不是老师上课时的语言表达，而是和学生日常交往中的语言运用。俗语说，"良言一句三冬暖，恶语伤人六月寒"。教师是做人的工作，尤其要注意语言的重要作用。在教学实践上，有的老师的话可能在学生心灵上留下了难以磨灭的创伤，有些老师的话对于学生又像无足轻重的"唐僧式"的絮絮叨叨。老师的一句话能成就一个学生，也能毁掉其一生。而专家型教师的语言则像一把金钥匙一样，一下子就可以打开学生心头的锁。

【案例】

我是一名小学老师，记得在一次语文课上，当我讲到"我相信我们每个同学身上都有闪亮的光点"时，一名学生竟然情不自禁地脱口而出："老师，我身上有闪光点吗？"听了这声幼稚的发问，我心里感到一颤，循声而去，原来是班上的调皮大王张奥同学。这时他的眼神充满期盼，脸上露出疑惑，望着他一脸的纯真，我马上说："张奥同学，你身上怎么会没有闪亮之处呢？你有理想，乐于帮助同学，还有诚信的可贵品质。"

当我表扬他诚信时，不少学生马上举手反对，纷纷指责他言而无信，还列举了许多事例说明。但我依然为他据理力争："一次放学，我请张奥留下补写作文，但临到放学时，突然有家长找我谈事情，他找了我好几次都没找着，于是写了张留言条，说是第二天一早到校马上交作文本。第二天一早，我刚踏进办公室，他就来交本子了。可见，他是个有诚信的孩子。尽管他做过不诚信的事，但只要诚心改过，依然值得大家信赖。"

学生们被我的话打动了，没有再站起来反驳了，这时的张奥低下了头，似乎在反思，似乎在为以前所做的事感到惭愧。经过这件事，我也在反思，学生是多么在意老师对他的认可。于是我抓住契机，激发他对学习的自信心，努力驱除他对学习的自卑心理。由此想到，一个总是低着头、弯着腰走路的孩子，他的骨骼必然会变得弯曲；同样，一个自卑的孩子，在人前人后抬不起头来，他的心灵也必然会出现不同程度的扭曲。孩子，需要昂起头来走路，需要昂起头来做人，这是多么重要！课后，我找他谈了话，要让他学会面对现实、接纳自己，善于扬长避短，发挥自身优势，找到属于自己的快乐。

在今后的语文课上，我欣喜地发现张奥勇敢地举手发言了，尽管他所答的问题很浅显、很简单，尽管他的回答在其他学生眼里不屑一顾，但他能站起来，能主动发言了，可见他的心里开始拥有阳光了。虽然只是斑斑点点的阳光，但我相信，从今以后张奥不再是低头弯腰的孩子，而是个抬头挺胸，坚强而快乐的孩子。

后来，张奥越来越有进步了，尤其语文学习的兴趣提升上来了，成绩逐步上升。俗话说"功夫不负有心人"，也许是学生看我这么认真，那么在意他们，他们也逐渐开始认真对待学习和自己了，问题慢慢减少了，使自己向好的方向变化。

作为一名教师没有能力点燃火种，但绝不能熄灭火种！面对眼前同样充满好奇和天真的孩子们，要珍惜，更要努力让每一个孩子的心中充满阳光，让每一个孩子在爱的抚慰下快乐成长。孩子的心灵是纯洁而美丽的，如水晶；孩子的心灵是脆弱而敏感的，如玻璃。作为教师不但要欣赏着他们水晶般的心灵，而且更要保护着他们玻璃一样易碎的自尊。所以与学生交往时，老师们的语言显得尤为重要。

4. 意志坚定，富有创造力

专家型教师因为对教育事业的忠诚，会把自己的事业摆在首要的位置，生活中的苦难和挫折一般不会动摇他们对于自己事业的信念和决心。他们能够保持清醒的头脑，观察形势，准确把握教育时机，及时有效地去完成自己的使命和责任，而他们的行为和做派又将成为学生或者同行的榜样和楷模。

教育的对象，是千差万别的学生，使得教育具有创新性的特点，从事教育工作，就是一种创造性的劳动。每个学生都有特殊的个性，没有一成不变的规律可循。有的学生性格孤僻，有的学生性格开朗；有的学生性格温柔，有的学生或许就性格暴躁。专家型教师要能去辨别这些学生的个性并能够针对学生不同的性格因材施教，帮助学生们成长成才。

让我们来看一位教师关于创新的感悟。

【案例】

十几年的班主任生涯告诉我，教师的成长靠创新，而创新的阵地在"班级管理的第一线"。我的每一步成长都伴随着"创新"的脚步。刚刚走上工作岗位，我成了一个"不安分"的语文老师。当学校禁止学生带零花钱时，我却领着学生创立了全校第一个"班级小银行"。这个克隆出来的班级银行虽然规模不大，却分工明确，机构健全，从银行行长、到部门经理、到一般营业员，一应俱全，客户们从存款到取款得到的服务是周全的。在实践中，学生不但体验到了银行工作的辛苦，更学会了花钱，花钱非但没成学校管理的隐患，反而成了学校的亮点。"班级小银行"开启了我创新管理之路。由于我校前几年压力大，班级学生人数一度达到100

人之多，学生两极分化，甚至三极分化严重。为了研究大班额的教学模式，我尝试进行了"班级分级制"课题研究，所写论文被当年的市级语文年会评为优胜奖。很快，我的"班级分级制"在全校得以推广。

十几年的教学历程告诉我，教师成长靠创新，而创新的阵地在课堂，课堂是孕育创新教学的土壤。2004年初，为了提高学生的阅读水平，学校开展丰富多彩的读书活动。我借助这个东风，在我的语文课堂上连续两年进行了"一分钟速读阅读课题研究"。因为我在课堂实践中发现，虽然学生年龄小，集中注意力时间短，但是他们的记忆力强，潜力很大。而快速阅读正是正视了小学生的这种实际情况，通过快读、快写、快讲的"读写结合法"，让学生在速读的基础上提高了讲和写的能力，突破了读、写两条路，讲、写两层皮的语文教学怪圈。全班同学经过一段时间的训练，不但读书的速度得到了提高，写作水平和口语表达能力也得到了很大提升。2007年，我校开始了学生练字热潮，很多老师把精力用在让学生描红、临帖上。而我在书法课上却独辟捷径，让学生在读帖上下功夫：引导学生每写一个字都要先相互说一说"这个字的笔画有什么特点，那个字的结构如何把握，发现这个字在书写时应该注意什么，那个字为什么这样写好看。"还要引导学生在读帖的过程中去发现，去领悟练字的真谛：练字的功夫在字内，而不在字外，只有读懂了汉字的内在规律，写起来才会事半功倍。同时，我还在练字的形式上进行了变革：我引导学生由写"小方格"变为练"大田字格"，学生以前写字是一个格写一个字，而我为了让学生发现自己字体笔画的错误，而改用原来的四个格写一个大字并传授秘诀：硬笔书法要练好，字体先大再变小。然后又结合每天的"批改、升级"制度，让每个学生在圈画批改中看到自己的不足；在"升级"评价中看到自己的成长。2005年，学校进行"十五"规划课题《多媒体环境下提高中高年级作文水平研究》，我有幸成了课题组成员。在参与课题研究中，我结合自己在计算机方面的专长，先后通过制作《月球之旅》《望庐山瀑布》《望天门山》《燕子》等多媒体课件引导学生学习如何运用多媒体资源来提高自己的作文水平。课题结题我校被评为省级课题二等奖，我也因此被评为省优秀电化教育研究人员。

2007年，我参与了"十五"规划课题——《小学生语文能力评价实验研究》。在该课题研究中，我研发了《多媒体与网络轻松学作文》软件，让学生通过该软件进行自由选择、自主学习、自我评价来提高自己的作文水平。该成果获得市级科技成果三等奖。我撰写的论文《评价是要过程还是要结果》被课题组评为优秀实验成果。同年我参加省教学能手的评选，在执教中我整合了教学资源，把教材内容和"迎奥运"结合起来，通过争当奥运志愿者的任务来引领课堂，点燃了学生高涨的爱国热情；把游戏引入课堂，通过过关游戏使学生对学习充满了激情；把评价纳入软件的程序中，让学生在课堂上、学习中通过小组间的相互评价，学生本人的自我评价来激励学生完成每一个学习任务。而这种创新的课堂模式得到了专家评委的一致好评，我也有幸成为第五届省级教学能手。

我们知道，学校的发展、腾飞靠教师水平的提高，而教师创新的源泉在于"意识"，有了创新意识我们的工作思路和方式才会更有生机和活力。2008年，我兼职学校的电教工作。我们学校每周都进行校内的公开课活动，老师们通过赛课来提高自己，交流教育教学的经验。可是我发现老师们在评课时往往会遗忘课上的很多细节，讲课老师也由于紧张不知道自己到底错在何处。在创新意识的引领下，我突发奇想，在征得学校领导的同意后，购置了录像机、多媒体电脑、编辑机等硬件设备，对每周的公开课进行了实况摄录并在老师们评课时进行实时播放，大大提高了教研活动质量。为了切实地提高讲课教师的业务水平，我把摄录的视频复制好，发放到每个讲课教师手中，让他们自己通过讲课、听别人评课、自己观看回放三个环节……真正看到自己的不足和进步。经过两个学期的努力，我校的公开课在全县成了标杆，我摄录、编辑的视频被推广、传播到很多兄弟学校，我校参加讲课的教师也因此上了电视，成了讲课明星、专家。先后有 12 位教师在我的帮助下获得了省市录像课一等奖。

2009 年，我校申报了"十一五"省级规划课题《网络环境下提高教师业务能力的研究》。为了便于研究，学校还因此为每个教师配备了笔记本电脑。我有幸参加课题研究并承担了对教师进行网络培训的任务。在实践中我发现，教师要么对网络教研持抵触情绪，认为这是在增加教师负担，不愿主动学习；要么只是利用网络来聊天、娱乐。为此我在培训完计算机的基本技能后就不再按部就班地讲解，而是通过活动来引导教师认识网络环境下如何提高业务水平。这种以"活动促认识"，以"活动促学习"的形式很快得到了大家的认可。我结合组建的校园网平台，先后开展了"我的课后反思""QQ 留言大赛""我的教学困惑征集""教学技巧大比拼""留守儿童问题谈"多项活动……老师们在活动中逐渐认识到网络教研带给我们的不仅仅是形式的变化，而是思维方式和工作效率的变革。是创新的工作方式帮我完成了课题第一阶段的培训任务，是创新的意识引领我和我的同行们在新形式教育改革的路上踏出了属于自己的路。2009 年 9 月，我被评为市级优秀教师和学科带头人。2010 年 1 月，我被市教育局评为市优秀电化教育先进个人。

创新伴我走过了多年的教学历程，我感谢创新，是它见证和成就了我一步步的成长；我崇拜创新，是它让我的教育事业动力永恒；我迷恋创新，是它使我的教育、教学生活活力无穷。昨天是创新助我的事业插上了腾飞的翅膀，我坚信，只要坚定创新的信念，明天我和我的教育事业会再次起航。

5. 乐于分享，坚守"传帮带"

韩愈说："师者，所以传道授业解惑也。"作为老师，从"传道"这点上来说，不只是直接或间接传授知识给学生。对于青年教师同行，专家型教师同样会"传道"，会运用自己丰富的教育教学经验，从备课、上课、辅导、命题、阅卷、选修课以及课改和教学研究等到家访、开家长会、做学生思想工作以及评价学生等涉及教学艺术、班级管理、科学研究等各个方面的工作给青年同行起到"传帮带"作用。教育是人对人的影响，是一朵云推动了另一朵云，专家型教师对同行影响不仅在业务上，还可能在日常生活的方方面面。

让我们通过一封信，来感受一下专家型教师对同行的影响、引导以及帮助。

【案例】

万平老师，是一位从教38年的全国中小学优秀班主任，作为北京市特级教师、全国优秀教师、国家"万人计划"领军人才，教育部"中国好老师"班主任工作室主持人，她从教以来，始终秉持温暖教育的信念，以心传心，以德培德，以能养能，以爱育爱，让教师的爱成为儿童生命中温暖的力量。

2020年初新型冠状病毒肺炎疫情，让武汉封城，也席卷了全国，大家都度过了一个特别的春天。在这个特殊时期，万平老师从一线工作的角度出发，给年轻的班主任们写了这封信，勉励自己和班主任伙伴们不负韶华、无愧春天，表达了一个老教师在家国大事中情系教育的温暖情怀。

亲爱的班主任伙伴们：

大家好！

庚子之年，立春之时，本是春光无限好的时节，我们的身边却酣战不止——抗击新型冠状病毒肺炎疫情，护我山河无恙，保我家国平安。

这次战役，我们在后方，但我们是教师，更是班主任，是牵动几十个学生，数十个家庭的数据核心：每日的通知、统计、汇总、上传，都至关重要，每一个数据都好似捍卫健康长城上的一块砖石，仔仔细细筑上去，踏踏实实得心安。

我们是教师，是班主任，在学校我们是学生们的依靠和怀抱。但此时却非彼时，此时更胜于彼时——这个寒假，疫情袭来，学生家长们通过我们与区市国家的大数据相连，与党的政策相连，与日常生活学习相连，与有序、充实、扎实、健康、收获这些美好的词语相连——有了我们，每一个家庭都心安。

2020年的寒假，学生们虽然放假回家，但他们每一个在我们的心里却都没走远，疫情的突如其来，让无数白衣战士奔赴战场，硝烟升起，就像一声号角，让我们也一起回到事关生命的大课堂。这是无论长幼共同上的一节人生大课，主题就是：打好战胜疫情这一仗。

想来，上好这节课对于每位老师都是一次挑战，因为这节课事关重大：事关安危，事关生死，事关你我，事关家国！疫情袭来，原本天南地北的路人，瞬时间就成了息息相关的密切接触者；原本亲密无间的亲人，瞬时间就必须隔离分别；原本觉得遥不可及的远方病患，瞬时间就在你我的身边……

在这场战役中，我们看到了在党的坚强有力核心领导下，海内外中华儿女的万众一心；我们看到了中华民族无与伦比的创造力量；我们看到了医疗战线与病魔焦灼厮杀的争分夺秒；我们更看到了令人痛惜的牺牲与大无畏的奉献……我们面对的是一个时代的非常事件，年轻的老师们，或许你在家中也是个孩子，但此时此战此课，你要像个"战士"，披上战袍，带领着学生和家长们一起出征……

亲爱的老师们，我们一起上好这节课吧！让我们告诉我们的学生：对生命要敬畏、珍惜和感恩——当我们能够安全地在家里温饱于一日三餐或许还有些无聊的时候，是那些"逆行的白衣天使"用自己的生命去捍卫我们的这一份安宁与和平。让我们告诉我们的学生：在这次突如其来的疫情中，有那么多向着光明，向着使命，向着责任砥砺前行的人；没有硝烟，没有炮火，有的是狡猾潜伏的病毒，没有刀光，没有剑影，有的是沉入疾病无法预料的可能。明明知道危险，但是他们顶上去、迎过去、接过来，救死扶伤，义无反顾，为的是千千万万的人不在肆虐的病魔中倒下。他们是和平时代真正的英雄，是我们要珍惜和感恩的最美的人。

亲爱的老师们，我们一起上好这节课吧！让我们告诉我们的学生：面对疫情一定不要小看了这个"宅"字，为什么一定要"宅"在家里？怎样才能"宅"出意义？其实，无论对学生还是家长、教师这都是一次医学教育，更是一次科普教育，还是一次社会学教育；人与人，人与自然，人与社会，人与自己——一切都能在这个教育链中找到好的素材，而这其中难度最大也最重要的是"人与自己"的教育。让我们告诉我们的学生，无论怎样都要努力去做一个在时光中把握得住自己的人，知易行难，说得容易做着难，知行合一就更难了。一个"宅"字，就是一份浓缩人生的试卷。疫情袭来，隔离需要十几天甚至更长的时间，待在家中一隅，若是随心所欲处处逾矩，则无外是吃一吃，睡一睡，刷手机，看电视，打游戏，聊段子，传消息——看的听的聊的说的林林总总，话题不出方寸，任一段大好时光，就此荒度难追……我们一定要告诉我们的学生：没有规矩不成方圆，"宅"在家里，确实要立好规矩，做好规划，认真践行，日课求精；要洒扫庭除，心不能有积尘；要强身健体，身体不能有积尘；要做好阶段性的成长方略，学着做自己的主人。在2020年春天这个特别的阶段中，一个能够完成自我成长的人，是不会辜负未来的任何风雨的。让我们告诉我们的学生：国家国家，有国才有家，我们是一家之子一国之民，国事当前，匹夫有责，国泰才能民安，人人守土有责。

亲爱的老师们，我们是教师，是班主任，在这场没有硝烟的战役中，我们是离学生最近的教育者。天时地利人和，大是大非当前，我们要做好准备：不犹豫，不彷徨，不畏惧，不退缩，义无反顾做好学生们的老师，平凡尽力，不输英雄！亲爱的伙伴们，我们要引导我们的学生做一个对生命和自然心存敬畏的人，做一个对救死扶伤的仁者心存感恩的人，做一个崇尚真正英雄并敢于追寻的人，做一个能够在当下善于把握好自己进而能够自我成长将来志在服务社会国家的人。

2020的春天来了，这个春天注定极不平凡，亲爱的老师们，让我们用心备课，精心上课，教学相长，共同进步，带领我们的学生不负韶华，交出一份无愧于这个春天的答卷。

三、专家型教师的不同类型

"人心不同，各如其面"，人各有特性，专家型教师也有不同的类型，从他们发挥作用的角度我们把专家型教师分为"全能型"和"特长型"两大类。

（一）"全能型"的专家型教师

"全能型"的专家型教师是指各方面能力均衡、素质发展全面的专家型教师。"全能型"的专家型教师具有全面的素质能力，使得他们在自己所在学校甚至教育行业里发挥着榜样作用。他们师德高尚，才能出众，具有绝佳的品德能力，但是这种教师往往稳重有余，反而在个性、风格上看不出有特别明显的优势和特点。

（二）"特长型"的专家型教师

"特长型"的专家型教师是指在总体素质过硬的基础上，某一个或某些方面表现尤其突出的专家型教师。根据他们的特长类别我们又可以把这类教师划分为以下四类。

1．学科知识专长

学科知识是指有关所教学科的知识和能力。学科知识专长指不仅具备所教学科内容方面的知识，还具有提高教学层次和质量所需要的完备的知识结构。

2．教学专长

教学专长顾名思义是指教师善于教学，课堂讲授精彩，课堂安排有序，善于调动课堂气氛，能够通过高水平的讲授，良好的课堂气氛和课堂组织安排提高教学质量和效果。

3．学生管理专长

学生管理专长是指教师亲和力强，具备获得关于全部学生和个别学生信息状况的方法，了解学生个性，能够准确地获悉学生的学习需求、学习能力、现有的学业水平以及学生的强项与不足等，能适时进行引导教育，帮助学生成长的能力。

4．科研专长

科研专长的专家型教师指的是善于进行思考总结，能够对教育工作或者学科理论进行深入研究探讨的教师。这种类型的老师，一般都有比较扎实的专业基础知识，还具有比较丰富的教育学和心理学等相关学科的知识，勤于思考，善于总结，能够进行深入研究。

第 二 章

专家型教师成长的一般规律

"罗马不是一天建成的。"从一个新手教师，成长为一个专家型教师有许多路要走，通过分析专家型教师的成长历程，我们发现是有一些基本规律可以总结的。

第一节 教师成长的一般规律

一、教师成长

专家型教师，是教师里优秀的群体，要谈专家型教师的成长，得先厘清教师成长的规律。教师是专门性较强的职业，是不同于从事其他专门职业群体的特殊群体。教师成长必然不同于其他专业群体的成长，因此教师成长规律显然不会与其他类别专业群体的成长规律一样。

"教师成长"是由"教师"和"成长"两个词语构成的词组，顾名思义，其含义取决于"教师"和"成长"两个词语的含义。"成长"一词的含义本不复杂，是指个体由弱变强，由小变大，由低级阶段向高级阶段发展而逐渐成熟的过程。比如，《现代汉语词典（第7版）》对"成长"的解释为：向成熟的阶段发展；生长。但是，当"成长"一词与"教师"一词连用而构成"教师成长"一词时，其含义就变得丰富起来。这是因为，"教师"一词既可以指一个具有生命意义的个体，又可以指一种专门性的教书育人的职业，还可以指从事这种专门性教书育人职业的全部个体。正因如此，对"教师成长"的解释仍然众说纷纭。有的学者指出，教师成长是指教师熟练掌握每一教学发展阶段中所必需的实践知识和专业技能的过程。赵昌木认为，教师成长是教师学会教学，不断习得与教师有关的角色期望和规范的社会化过程。李瑾瑜、柳德玉和牛震乾认为，教师成长包括教师的个人成长和专业成长，教师成长不仅涉及教师专业知识的积累，技能的娴熟，能力的提高，还涵盖理念的更新，角色的转变。不过，从总体看来，学界大多将教师成长理解成教师专业发展或教师专业化成长，即当下所言的教师成长总体上是指教师的专业成长。

也就是说教师的教育观念、从教品格、教育知识、从教能力等有关教书育人的特质从不成熟到比较成熟直至成熟的发展过程，即通常所说的从准教师向新手型教师发展，继而成为熟手型教师直至专家型教师的过程。

何谓规律？《现代汉语词典（第7版）》的解释是："事物之间的内在的本质联系。这种联系不断重复出现，在一定条件下经常起作用，并且决定着事物必然向着某种趋向发展。"马克思认为，规律就是事物内部所固有的、本质的、稳定的联系，它具有客观性和普遍性，它时时处处存在和发生作用。列宁说，规律就是关系，本质的关系或本质之间的关系。可见，规律就是客观事物内部所固有的、本质的、稳定的联系，是促进或阻碍事物运动变化的一切因素。对一定事物来说，它具有客观实在性，无论你喜欢或不喜欢、承认或不承认，它都客观存在着并对一定事物发生作用，影响一定事物的运动变化。只有遵循相应的规律，事物才会相对顺利而迅速地向人们希望的方向运动、变化、发展。而所谓遵循规律，则是基于影响事物运动变化的相关因素，充分发挥有利于事物向人们希望的方向运动、变化、发展的影响因素之作用，同时设法避免事物向非希望的方向运动、变化、发展。

二、教师成长规律

什么是"成长规律"？有学者指出，成长规律是指个体在自然规律、生命规律以及社会发展规律的引导下，从简单向复杂、从不成熟到成熟、从低级向高级的生命成长，从不甚深刻的本质向更深刻的本质发展。本书认为，这个定义虽有一定的合理性，但因其过于突出"成长"的含义而弱化了"规律"的含义，故未能明确指出"成长规律"的要义。基于上文有关"成长"及"规律"两个概念的含义解释分析，我们这里定义"成长规律"为人或其他生物体存在与发展过程中所必然遇到的一系列内外因素或者主客观因素的影响，以及其自身在这些内外因素或者主客观因素的相互作用下所必然表现出来的相应变化特征和获得相应变化的途径。

教师成长规律指教师专业成长规律或专业发展规律，即一名教师从准教师向新手型教师发展，继而成为熟手型教师直至专家型教师的过程中，所必然受到的一系列内外因素或者主客观因素的影响，以及在这些内外因素或者主客观因素的影响下，其教育观念、从教品格、教育知识、从教能力等有关教书育人的特质所必然表现出来的相应变化。在上述一系列因素影响下，教师在其专业发展的各个阶段必然会有不同的表现特征。为此，探索教师成长规律，其实就是明辨教师在专业发展各个阶段所表现出来的相应特征，影响专业发展各个阶段的相关因素以及促进各个阶段专业发展的基本途径。

第二节　专家型教师成长的内在驱动力

万事万物起变化最根本的原因是具有内在驱动力，就是有内因发挥作用。想成为专家型教师最主要的还在于每个人自己的需求，如果自己没有这个愿望，只是想做一天和尚撞一天钟，那么无论如何也不会成为一个专家型教师的。

一、潜心学习，锤炼师德

"云山苍苍，江水泱泱，先生之风，山高水长。"这是范仲淹《严先生祠堂记》里非常著名的一句话，常被后人用来形容老师的师德高尚。师德是中华民族十分看重的美德之一。2013 年 5 月，中组部、中宣部、教育部联合印发的《关于加强和改进高校青年教师思想政治工作的若干意见》，特意就加强和改进高校青年教师思想政治工作做出部署，将建立师德考核档案，这是在国家层面上正式将师德纳入对于教师的考核范围。

师德是教师的灵魂，教师的师德对于学校教育的成败具有举足轻重的作用。高尚的师德包括对教育事业的热爱以及强烈的事业心和奉献精神；科学的世界观和积极向上的人生态度；强烈的责任感和对学生的尊重、关心和爱护；处处为人师表，以身作则。师爱是师德的核心，师爱是一种强大的力量，它不仅能够提高教育质量，也会促进学生的成长和成才，可以影响学生的身心发展，乃至人格形成和职业选择以及人生道路的转变。教师的师德是教师个体人格魅力的反映。在学生的心目中，教师是社会规范的代表，是道德情操的楷模，是需要学习和敬仰的人。教师的品格则是作为师德的有形表现出现的。具有高尚品格和富有魅力人格的教师所产生的身教效果，会远远高于言教本身。教师的人格对年轻心灵的影响，是任何教科书、道德箴言，任何奖励和惩罚制度都不能替代的。苏联教育家和革命家伊万诺维奇·加里宁曾经这样说："教师的世界观，他的品行，他的生活，他对每一现象的态度，都这样或那样地影响着全体学生……"由此可见，高尚的师德才是成为专家型教师最大的内在驱动力。

专家型教师之所以受学生爱戴，不光在于他们满腹经纶和高超的授课艺术，更在于他们传道、授业、解惑的职业操守，在于他们高山仰止的人格魅力，在于他们崇高师德加持下对受教育者满满的爱。

日本著名的儿科大夫内藤寿七郎先生，也是一位著名的教育专家。他提出了一个响亮的口号："爱的目光足够吗？"这个口号提出至今已经半个多世纪了，现在听起来仍然觉得十分亲切。事情的经过是这样的。

有一天，一位妈妈带着两岁男孩前来找内藤先生看病。妈妈说："一升装的牛奶，这孩子一口气就能喝光。因为喝牛奶超量患了牛奶癣，皮肤刺痒睡不着觉，举止焦躁不安。"

内藤先生不慌不忙地将白大褂脱下，然后跪在那个男孩面前，看着对方的眼睛。

"你喜欢喝牛奶吗？"内藤先生温和地问道。

男孩点点头。

内藤先生仍然目不转睛地看着他说："如果不让你喝你特别喜欢喝的牛奶，你能忍得住吗？"

男孩显出一副烦躁和不满的神色，把脸扭向一边。

内藤先生并不气馁。他跟着转到孩子面前蹲下身子说："你可以不喝牛奶的，是吗？"不管男孩怎样不耐烦，拒绝回答，内藤先生的目光一直充满着信赖，口气也十分诚恳。

终于，男孩轻轻地点了点头。

奇迹发生了。男孩回家后不喝牛奶了，湿疹症状很快消失。一年半以后，他的母亲认为可以少喝点儿牛奶了，可男孩说："大夫说能喝我才喝。"母亲只好请内藤先生来帮忙。

这一次，内藤先生仍然是看着男孩的眼睛，微笑着说："你现在可以放心地喝牛奶了。"从那天起，男孩真的又开始喝牛奶了。

如果说，眼睛是心灵的窗口，那么眼神就是这扇窗里所展现的全部内容。一个鼓励的眼神，可以让拙于回答问题的学生大胆地举起手来，让退缩不前的学生勇敢地向前迈步；一个赞扬的眼神，可以让学生体会到被老师肯定的快乐，激励着他们向着那无限顶峰不断前进。

师德，不是长篇大论的大道理，它是教师生涯中的一点一滴，折射出每个教师人性的光辉，让满天下的桃李如沐春风。

人们常说，教育是太阳底下最光辉的事业，那么师德则是教育的光辉。师德是人梯，是渡船，助求学者勇攀登，助求知者到彼岸，师德是一个教师人格魅力最集中的展现，可以说是教育的全部生命。

二、坚持不懈增强自身专业能力

教师的自身专业发展对其能否最终成长为专家型教师起决定性作用，因此要想成为专家型教师，必须坚持不懈苦练内功，增强自身专业能力。其实教师本身的能力素养和不断提高的教师职业要求之间的矛盾是促进教师发展的因素之一，当然教师本身也得有自我发展和提升的愿望和要求，教师自身专业能力发展了，教师自然而然就成长了。辩证唯物主义告诉我们，事物变化中内因起决定作用，教师专业发展的核心，则是教师的自主性，更准确地说，是教师在专业发展上的主观能动性。专家型教师在专业发展上的主观能动性非常强，他们有极强的进取精神和强烈的发展愿望，他们有明确的目标，有坚强的意志和刻苦奋斗的精神。

一般而言，教师的专业能力包含一般文化知识、学科专业知识和教育学科知识三个方面的内容。教师之所以得掌握一般文化知识，那是因为作为教师需要完备的人文精神和素养，必须有较强的文化底蕴，要增强自身专业能力，对一般文化知识的掌握要求不但要渊博，而且要精深，要内化于心。

而对于学科专业知识，则要求教师对自己所教授学科的内容有极其深入透彻的了解，对于学科的发展脉络、整体架构、发展方向都得有一个深入透彻的把握和了解。教育学科知识包括教育学、心理学以及与自己教学学科研究相关的知识。作为专家型教师，不但要求具有高超的教学能力，良好的管理能力，较强的人际交往能力，还必须具备相应的教育科学研究能力。这可能是专家型教师突出的特点之一。众所周知，研究过程是一个对事物进行逐步深入的、复杂的认知过程，这必须具备一定的科研知识，掌握一定的研究方法，当然这个只是为开展科学研究提供了必备的基础。教育科学研究能力是一种综合素质的体现，包括理论、实践、创新、分析、写作等各方面的能力，这些方面的能力发展层次水平不同，也就呈现出了不同的研究风格。

要增强自身专业能力除了几十年如一日自觉地刻苦学习、锻炼教学能力、不断充实自己的专业知识、完善教学基本功之外，还要能够正视发展中的困难和问题，主动寻求机遇和挑战，在实践中提高自身的素质，还能够不为外界各种诱惑所影响，专心致志地醉心于自己的教学专业工作，自觉钻研业务，精益求精。

虽然内因的变化起着决定性的作用，但是也离不开外因的支持。要想成为专家型教师，除了需要教师自身坚持不懈增强自身专业能力之外，外部环境的影响作用也非常重要。好的外部环境将会对成长为专家型教师起到积极的促进作用。外部环境既包括大的社会环境，也包括小的学校环境，还包括家庭环境，当然对专家型教师成长影响最大的外部环境还是学校环境。外部环境发挥作用的过程是这样的：外部环境可以为教师的专业发展提供制度保障和条件支持，如国家对于教师地位的认可，待遇的提高，学校给教师提供住房、子女教育等方面支持，让教师能够全身心投入工作，等等。

总之，坚持不懈地苦练内功，增强自身专业能力，是成长为一名专业型教师必须做到的。同时有了过硬的自身专业能力，也让教师有了成长为专家型教师的自信心，成为一种促发展的内在驱动力。

第三节　专家型教师成长中的关键节点

一、抓住关键期实现能力跨越

"罗马不是一天建成的"，专家型教师的成长是一个逐渐发展和变化的过程，不可能毕其功于一役。在长期的发展中，必定使经验在数量上缓慢积累，然后由量变达到质变的过程。

专家型教师的发展过程呈现出明显的阶段性发展规律，正如贝利纳在人工智能研究领域"专家系统"思路的启发下，将教师职业发展分为新手型、熟练新手型、胜任型、业务精干型和专家型五个阶段。在这个过程中，要善于抓住关键点，实现能力飞跃和身份转变。

从教师专业发展的过程来看，一些特定能力的培养是具有敏感期的。敏感期本来是说儿童心理发展过程中的某个时期，相对于其他时期更容易学习某种知识和行为，心理过程的某个方面发展最为迅速，这时期即称为"敏感期"。就如同现在大家普遍认可的理论，2~4岁是儿童语言学习的敏感期，在这个时期对孩子进行相应教育，他们的语言能力就比较容易得到提高，会达到事半功倍的效果。如果错过了这个时期，即便花更多的时间，也达不到相应的效果。这就是"狼孩"重回人群之后，语言能力无法达到同龄人水平的原因。这里所说的教师专业发展过程中的敏感期，是说教师在从业的某一个时期或者阶段会对某种技能特别需要，在这个阶段有针对性地进行学习或者训练，教师的专业能力或者素养就会容易得到比较大的提升或者跨越。就比如一个刚刚入职不久的老师，掌握教学技巧，提升教学经验是他的当务之急，而对于一个已经进入胜任型、业务精干型阶段的老师，如果还不能进行深入地理性思考，总结归纳，把实践经验提炼总结再反作用于提高实践的话，那就很难继续进步成长为一个专家型教师。

因此抓住发展中每一个阶段的关键节点，就像抓住小孩发育的敏感期一样，对于成长为专家型教师能够达到事半功倍的效果。如果教师在某个阶段所产生的某种发展需要被错过，他就有可能因此而失去发展的机会，甚至因为职业倦怠感的产生而总是停滞于某一阶段，得不到成长，也享受不到身为教师的职业乐趣。

简单地说，从新手型到专家型的各个阶段中，某些素养在某一阶段的发展中占有优势，某些专业素养更适宜于在某一阶段实现发展，早一些时机不够成熟，晚一些就需要付出更多努力还很难达到预期效果，就像"狼孩"重新回到人类世界学习语言会比较困难一样。要成长为专家型教师，就必须在敏感期的时候抓住关键点。

不积跬步无以至千里，要成长为专家型教师，就必须一步一个脚印不断适应，不断提高，不断发展。前面已经讲过，任何希望快速成长，毕其功于一役的想法都是不现实的，必须一个阶段一个阶段地发展，不能跳过任何一个阶段。因此无论是教师自己，还是培养教师的人，都应该清醒地认识这一点，做好持久战的准备，明白专家型教师的成长是一个长期且复杂，而且可能会有反复的过程，在某一阶段可以通过努力加速，但是绝不会逾越某一个发展时期而直接进入下一段。

二、夯实基础等待厚积薄发的积累期

（一）认真把握每一天，静待花开时

通过与一般教师的对比来看，专家型教师的成长过程虽然符合教师成长发展的一般性规律，但是他们也展现出自己鲜明的特点。他们懵懂期短，他们很少犹豫不决，他们有明确的奋斗目标，有很强的执行力，他们能够创造性地进行教学实践。有人做过推算，一位刚刚走上教学岗位的新手老师，要成长为一名符合现代教学要求的称职的人民教师，大约需要10年的时间，而从一个称职的教师成长为一名经验丰富的、比较优秀的教师又需要大概10年时间，从一名优秀教师最终到一个风格特色鲜明的专家型教师又大概需要10年时间。专家型教师的成长虽然在每个阶段表现出的特点不同，但是他们总在不断实践，不断创新，不断进步，他们会认真对待成长道路中的每一天，认真对待每一位学生。

苏联教育家苏霍姆林斯基曾说过："尽可能深入地了解每一个孩子的精神世界，是教师和校长的首条金科玉律。"教师是一种受社会委托，负责与学生交流沟通，培养学生成长的职业，教师对学生成长的影响我们由此可以想见。有人说过，当你认为学生只是一个盛装知识的容器时，你认可的教学方式自然是填鸭式的，满堂灌的形式可能是你最常使用的方法；可是当你把学生视为"火把"时，你想到的就是他们可以自己燃烧，老师要做的就是如何点燃他们。因此作为老师，要有极强的观察力，能够分辨出学生的需求并根据不同的需求，点亮一个个

"火把"。

因此，想成为一个专家型教师，要耐得住寂寞，经得起考验，认真上好每一节课，认真做好手头每一件事，用心关爱每一个学生，静待花开之时，且等华丽变身之刻。

（二）日常工作中，认真领悟教育之爱

夏丏尊先生讲："教育需要爱，犹如池塘不能缺水。"生活中有爱心的老师还是不少的，但优秀教师不仅要有爱，还要爱得得法，才可能有效。

【案例】

周老师新接手了一个班，这个班里有个双差生小军。周老师认为这个学生最缺少的是尊重、理解、信任和关爱。因此从小军进班那时起，她就要求自己无论在什么情况下，都努力做到不冲动、不指责、不训斥，坚持用微笑的表情、信任的目光、热情的态度对待小军，用积极的语言鼓励他，尽自己所能帮助他，让他感受到爱。虽然周老师家离学校很近，但自从进班那天起，周老师中午就没有回过家，利用午休时间和小军聊他感兴趣的事，及时肯定他的优点，适度提出希望，尽量不说缺点。一天下午已经上课了，周老师发现小军站在校门口四处张望，周老师没有指责而是走近他关心地问："小军，怎么没去上课？""我有点儿急事。""比上课还重要吗？""重要！""需要我帮忙吗？""不需要。""好吧，办完马上去上课！"话音刚落，小军出人意料地跑回教室上课了。放学后，小军主动到办公室找到周老师说："老师，今天中午我的一个哥们儿吸毒死了，他妈妈太可怜了，我想找熟人借100块钱给他妈妈，所以没有按时上课。"这件事让周老师非常震惊，她以前只知道小军打架骂街，花钱无度，经常旷课去网吧、酒吧等，还不知道他与吸毒的人交朋友。他与吸毒的人交朋友不好，但怜悯之心还是感人的，周老师抑制住震惊的情绪，诚恳地说："谢谢你对老师的信任，把实情告诉我。你接触过毒品吗？""没有！""现在你有什么想法？""我见到毒品真的害死了人，很害怕。""这样吧，老师给你 100 块钱，了了你的心愿。从此以后不要再和吸毒的人来往了，要远离毒品，遇到问题同家长或老师一起商量解决，能做到吗？"小军听后，既意外又感激，连忙说："谢谢老师，以后我一定把钱还给您。按您的话去做。"

就这样小军和周老师亲近多了，把她当成知心人，有什么话都愿意和周老师讲。

爱，人人都有，但教育之爱的真谛并不是人人都能体会到的。那些矢志不渝的教育家，就是因为深入地理解了这种教育之爱并科学地运用了它。我们可以认为，这些功勋班主任也基本做到了，这应该是他们走向成功的不二法宝，因为爱能生慧，仁爱无敌。

（三）心态乐观，保持对教育事业的热情

美国的石油大王洛克菲勒在给儿子的一封信中写道："天堂与地狱比邻。如果你视工作为一种乐趣，人生就是天堂；如果你视工作为一种义务，人生就是地狱。"相信读到这段话的人都会有所触动，怎样对待我们每天都必须进行的工作，怎样看待我们赖以生存的职业，是我们每个人都应该思考的问题。你可以把教师当成崇高的事业，也可以当成一个简单的谋生手段。只有我们把教育工作当成崇高的事业来追求的时候，才有可能坚守、坚持，才能够脚踏实地一步步努力成长为一名专家型教师。

能够成功的人都具有"太阳每天都是新的"这种积极向上的生活态度，优秀的教师自然也是如此。他们热爱教育事业，他们喜欢自己的专业，他们全身心地投入教育工作，他们热情地对待每位学生，他们对学生包容鼓励，他们能够平等对待每一位学生，能够做到有教无类，他们坚信没有教不好的学生，只有不会教的老师，只要坚持到底，就能有所收获。

教师的一生似乎就只能在三尺讲台上，这对于很多人来说可能觉得乏味无聊，但是平淡乏味的应该不是教师这个职业本身，而取决于你自己是否满怀激情和梦想。教师远远不只是一种职业，这更是一种专业。其实不管我们干什么，如果能像热爱自己生命一样热爱自己的工作，那么将不会有什么是无趣或者乏味的。

也许有的青年人，走上教师岗位本就是阴差阳错，脑子里天天转的念头就是跳槽。或许我们也听到有些人抱怨，做老师辛苦又不能发财，如果有下辈子，肯定不再做老师。但是，仍然有很多人，明明知道做教师辛苦也清贫，却仍然能够孜孜不倦，努力耕耘，在三尺讲台上谱写辉煌的乐章。

他们之所以能够这样，是因为他们能够把教育事业的社会价值和自己的内在生命价值统一起来，能让自己在工作过程中真正体会到奉献或者贡献的快乐。

其实教师的幸福感更多的来自他们在教育过程中的内心体验。给学生们教会一道题，一个后进生进步了，学生们考取好学校了，或者学生们对老师的一声感谢，这一切构成了教师的幸福感。教师只有在真正认识了教师这个职业的社会价值的同时，又能够从内心认可这种价值，从而能够全身心地投入和热爱这份事业，才能够坚持并取得成功。陶行知先生说的"捧着一颗心来，不带半根草去"，讲的就是教师要有终其一生的奉献精神。其实这样说来，教师的幸福并不是获得，而是付出，授人玫瑰手有余香的付出，蜡炬成灰泪始干的奉献，这本身就是幸福。其实幸福的人生，不可能永远轻松自在，教师的幸福便是一种"由内而外流淌出来的甘霖"，既是人生的体验，又是人生的智慧。

教师只有热爱教育事业，才能摆脱很多世俗的束缚。而要做到热爱教师职业，就要有浓厚而稳定的职业精神，热爱教育，热爱学生。"没有爱就没有教育"，爱就是教师最重要的职业道德。

作为教师应该用生命去热爱自己的工作，热爱教育事业，这样去修炼自身的职业道德，从而实现向专家型教师的成长。教育需要强烈的责任感和使命感，要甘于清贫，不被名利所困，脚踏实地，勤勤恳恳，像园丁一样呵护每一个学生。认真备课、上课、批改作业，对学生来不得半点敷衍。学生在学校的时间超过在任何地方的时间，教师不仅仅是教给学生书本上的知识，更多的是潜移默化地引导学生，让学生成为对社会有用的人，让学生在学校得到尊重和关爱，今后能成为为他人考虑，关爱他人的人。作为教师，最重要的是教会学生如何做人。教师的职业需要更具有奉献精神，教师是学生的榜样，具有很强的示范作用，要为人师表，要有奉献精神、责任心、爱心、耐心，这些都可能影响学生今后生活中的态度和做法。

三、苦练基本功，提升教学效果，形成教学风格

从某种意义上说，一个人的个性风格体现着他的人格。教师如果有理念、有胸襟、有素养，就会得到大家的认可，若能再磨砺出鲜明独特的课堂教学风格，将更受学生欢迎。磨砺课堂教学风格，是让教育回归育人本质的教师的必然追求。

优秀的教师都有鲜明的课堂教学风格。以语文学科为例，老一辈中学语文教师于漪、钱梦龙、蔡澄清、魏书生的课无不风格鲜明、引人入胜。教师在课堂上展现出的教学风格，既是在引导

学生积累知识、提高能力，也是在帮助学生塑造自己的人格。

教师的教学风格应不拘一格。照本宣科、人云亦云的教学方式显然单调乏味，无法展现任何学科的魅力，也无法激发学生的学习热情。依然以语文学科为例，语文教师在课下要博览群书，在课上要不拘一格，既能引领学生细心品味文本，使文本内容"入乎其内"；又要鼓励学生勇于表达，用演讲、辩论、点评等方式，使教学形式"出乎其外"。另外，还可以在语文课堂开展各种学生喜爱的创新活动，如新闻拟题、好书推介、时事点评、演讲辩论等，在此过程中形成深受学生欢迎的不拘一格的教学风格。教师的教学风格应扎实笃行。如果说不拘一格是为了"仰望星空"，那么扎实笃行则是为了"脚踏实地"。

那么到底什么是教学风格呢？教师的教学风格被认为是教师专业化发展到一定阶段的产物，更体现了教师的生命价值。虽然近年来国内外学者对教师教学风格的研究越来越多，但到目前为止，仍然没有对教学风格的定义形成统一的意见，对其表述也各不相同，国内比较具有代表性的观点有：作为方法特点说的代表邵瑞珍认为，教学风格是教师为达到一定教学目的的前提下，根据自身的特点而经常所采用的某一种教学方式。观点技巧结合说的代表性人物李如密认为，教学风格是教师在长期的教育教学活动中，逐渐形成的、富有成效的、一贯的教学观点、教学技巧和教学作风的独特结合和表现，是教学艺术个性化稳定状态的标志。持稳定表现说的王北生认为，教师的教学风格是教师在一定的教育理论的引导下，通过长期的教学实践而逐渐形成的具有教师自身个性特征的教学技能和教学思想并表现得较为稳定。个性核心说的代表人物张翔认为，对教师个体来说，当某个教师的教学经常而稳定地表现出某种特定的个性和规律时，那么他就会慢慢地形成与之相对应的教学风格。也就是说，张翔认为教学风格受教师自身个性特征影响并具有一定的稳定性。程少堂的教学风貌说认为，教学风格是教师有意或无意地在适合自己个性特点、审美情趣和思维方式的引导下，通过教师自身的反复实践而最终形成的一种教学风貌，这种教学方式有他自身的个性魅力和一定的稳定性。卢真金的表现方式说认为，教师的教学风格是教育者特有的并在整个教学活动中重复出现"韵味""格调""风貌"的表现形式。具有这种教学风格的教师在他的教学活动中常常表现出一定的创造性和艺术性的特点。吴也显的艺术特色说认为，教师的教学风格就是其在课堂教学过程中，通过所教的内容和各种教学形式而体现出的具有教师独特魅力的艺术特色，是教师教学思想、知识素养、审美情趣和性格特点等在教育教学活动中的整体表现。专家型教师的教学风格一般都比较鲜明，这源于独立思考，不做人云亦云的"传声筒"，而做有独立思考能力的思辨者；要勇于质疑，不做"尽信书"的两脚书橱，而做理智的传承者；要勇于创新，不做思想僵化的守成者，而做不断探索的开拓者。教师要成为学生独立思考的榜样，鼓励学生质疑、批判，捍卫他们的表达权，培养他们的表达意识；搭建宽容、开放的课堂对话平台，激发学生立足课堂，拓宽视野，放眼社会，关注人生，但应该警惕出现"一言堂"。如果教师"独立""自信"到以己为是、以人为非的程度，哪怕是无意识的行为，也会影响课堂的效果和知识的传授。美国教育家帕克·帕尔默在《教学勇气：漫步教师心灵》中说："真正好的教学不能降到技术层面，而是来自教师的自身认同与自身完整。"磨砺不拘一格、扎实笃行、独立精神、民主自由的课堂教学风格，无疑就是教师在追求"教师的自身认同与自身完整"，最终回归育人本质的过程。

教学风格具有独特性，而这种独特性又是以语言风格、教学方法、教学机智和教学风度等多种形式表现出来。也有学者认为，教学风格主要是教师在长期教学实践过程中形成的，具有个人特点的、稳定的教学艺术个性和特色。要成长为专家型教师必须勤于实践，乐于学习，可以多学多看，融百家之长为己用，能够把别人有效的教学方法、教材运用方式、课程组织形式等创造性劳动融入自己的教学活动之中，最终形成自己的教学风格。

第四节　不断完善精进的自身专业发展

一、专业发展与教师专业发展

"专业发展"这一概念由"专业"和"发展"两个词构成。根据《现代汉语词典（第7版）》，"发展"的含义：事物由小到大、由简单到复杂、由低级到高级的变化；扩大（组织、规模等）；为扩大组织而吸收新的成员。"专业"的含义：高等学校的一个系里或中等专业学校里，根据科学分工或生产部门的分工把学业分成的门类；产业部门中根据产品生产的不同过程而分成的各业务部分；专门从事某种工作或职业的；具有专业水平和知识。

"专业"一词的含义并不单一，因而必须结合具体的语境加以理解。本节内容主要阐述的是教师专业发展理论，故本节所阐述的专业特指专门职业。那么，专门职业是什么呢？

美国著名社会学家利伯曼针对专门职业确定了如下八条标准：

1．范围明确，以"垄断"的形式从事于社会不可缺少的工作；

2．运用高度的理智性技术；

3．需要长期的专业教育；

4．从事者无论个人、集体均具有广泛的自律性；

5．在专业的自律性范围内，直接负有做出判断、采取行动的责任；

6．不以营利为目的，而以服务为动机；

7．形成了综合性的自治组织；

8．拥有应用方式具体化的伦理纲领。

我国学者王建磐认为，成熟的专业工作，应该具备以下六个特征或标准：

1．专业知能，即构成专业的首要标准是需要一套完善的专门知识和技能体系作为专业人员从业的依据；

2．专业道德，即某一职业群体为更好地履行职业责任，满足社会需要，维护职业声誉而制订的自我约束的行为规范或伦理标准；

3．专业训练，需要经过长期的培养与训练；

4．专业发展，即需要不断地学习进修；

5．专业自主，享有有效的专业自治；

6．专业组织，即形成坚强的专业团体。

综合以上的概念，我们认为，专业发展是指一个普通的职业群体在某种专业或专门职业标准的指引下，通过不断提升其自身素质直至逐渐达到相应的专业标准的过程。

什么是教师专业发展？截至目前，学术界对于教师专业发展仍然没有一个统一的说法。从对教师专业发展的定义来看，似乎并没有什么明显的优劣之分，可以说各有所长。郑海枝把教师专业发展理解为，通过扩大教学专业赖以存在的知识基础并提高教师的认识来提高教学专业地位的过程。也有另外的表述更加细致，他们认为教师的专业发展是"教师个人在经历职前师资培育阶段、任教阶段和在职进修的整个过程中都必须持续地学习与研究，不断发展其专业内涵，逐渐达到专业成熟的境界"。而叶澜则从汉语的构词方式来看，把教师专业发展理解为两种不同的意思，一种是"教师专业的发展"，另一种是"教师的专业发展"。按前一种构词方式，"教师专业的发展"可能被理解为教师所从事的职业作为一门专业，其发展的历史过程，与教师教育的概念相似；按后一种构词方式，"教师的专业发展"则被理解为教师由非专业人员成为专业人员的过程。而国外学者对教师专业发展的研究也可以划分为两种研究取向，一种是研究教师专业发展所经历的阶段；另一种是研究教师专业发展的内涵。

虽然目前学术界对教师专业发展还没有一个统一的定义，但通过对以上各种理解的分析可以看出，在本质上，教师专业发展是教师个体的一个发展历程，一个不断以完成目标而前进的过程。就像叶澜的定义："教师专业发展是指教师内在专业结构不断更新、演进和丰富的过程。依教师专业结构，教师专业发展可有观念、知识、能力、专业态度和动机、自我专业发展需要意识等不同侧面，根据教师专业结构发展水平，教师专业发展可有不同等级。"

综合以上观点和理解，我们可以这么给教师专业发展定义。教师专业发展是指教师专业素质构成的演变及专业生涯阶段的演进。从专业素质看，教师专业发展是指教师的专业知识、专业技能、专业信念、专业动机、专业态度、专业情感、专业期望和专业发展意识等发展的历程；从专业生涯看，教师专业发展是指教师从新手型教师乃至职前教师向熟手型教师直至专家型教师发展的历程。教师专业发展的方向通常由教师教育的价值取向而定，倾向学科或专业知识取向的教师专业发展以学科或专业知识为主要内容，倾向学术发展取向的教师专业发展以研究教育方法为主要内容。还有另外值得指出的一点是，教师专业发展的过程，不仅是教师自我完善的过程，更是教师通过完善自身而更好地促进他人完善的过程，这个他人包括学生，也包括其他教师。

二、教师专业发展不同阶段的特点

对于教师专业发展阶段，不同的学者专家均有不同的论述，但是总的来说，可以概括为积累、完善、成型这么三个阶段。在积累期，是一个新入职老师的适应期，要逐渐完成从一个学生角色到教师角色的转变，要从一个受教育者变成一个教育者。这个阶段，充满着初为人师的喜悦，但是面临身份、环境、地位的变化，彷徨或者迷茫也会随之出现。但是这个时期的老师，一般都会严格要求自己，工作积极主动，努力融入新的环境，适应新的职业。

一旦度过了最初的适应期，他们很快会进入专业成长的迅速发展阶段，而后步入一个稳定发展的阶段。这个时候的教师，随着教学实践经验的不断积累，对于职业的价值和意义，有了更深入的理解和体会，也渐渐体验到了职业乐趣。于是他们坚定了自己的职业信念，不会再对于职业选择犹豫不决，而会把更多的精力集中于本职工作。在这个阶段，他们会表现出不断学习、不断调整的状态，他们也乐于向前辈学习并接受他们的建议。

我们用一位老师的日记来说明这个阶段教师的状态。

最初走进教室，总是想拉近与学生的距离，成为无话不谈的朋友。实践证明，作为一名教师，要做好角色的转换，把握好与学生的距离，处理好与学生之间的关系才是最重要的。记得刚上第一堂课时，我企图以朋友的方式开始讲课，可能学生感觉较为新鲜，效果还是不错的。可很快就发现这种方式欠妥当，学生会感觉上这位老师的课会很轻松，可以懒惰些。四年级组的老师发现了这一现象后，很快帮我分析了学生的心理。这个时候我才发现，我们所期待的轻松和谐的课堂是建立在学习效果之上的，否则就是在浪费学生们的学习时间。一位成功的教师应该是让学生既敬畏又爱戴的，只有具备了适当的距离和师严，才可以保证顺利地实施教学计划，保证取得良好的课堂效率。因此在学生面前，我要摆脱学生时代的稚气，这样才能更加严格地要求学生。

而到了完善期，教师教过了一段时间的打磨锤炼，适应了教师职业的生活节奏并且也练就了过硬的基本功，自信心更加强烈，成了可以完全胜任学科教学的"老"老师。这个阶段的教师，对于职业投入还会较多，而且尚未进入倦怠期，情绪表现也会非常稳定。教师在完善期平稳发展一段时间后，就会逐渐显现出自己的一些教学风格并且具备了一定的教育科研能力，逐步成为学校的教学骨干。这个时候教师会表现出以下这些特点：

1. 职业责任感强，教学思想清晰，已经具备一定的业绩或者获得一些荣誉；

2. 具有扎实的知识结构，教学功底深厚，开始有了独特的教学风格；

3. 有了一定的科研成果，具备了较强的教育科研能力。总之，这个阶段的教师，已经可以称之为教师中的优秀者，学校的教学骨干地位已经稳固，可以成为单位的中流砥柱。

成型期其实是教师功成名就的阶段，是只有少数教师才能达到的境界。这部分老师，善于用现代教育理论指导自己的教学实践并善于反思，能从教学实践中总结经验和不足，进而对实践进行调整和改进，对于教学会有自己独特的见解并形成自己特有的教学风格，甚至成为某一学科的教学专家。这些教师，取得的成绩是非常突出的，可能已经成为某个学校甚至某一个地区的学科带头人，成为被大家广泛认可的"名师"。他们一般都会具有很强的创新能力，拥有创新思维和创新精神，他们的教学风格非常鲜明，具有很强的辨识度。他们的教学艺术非常完善，他们的课堂对学生有着极强的吸引力，他们的教学安排具有很强的艺术性，听他们讲课将成为一种享受。他们也会提出比较完善和独特的教育观点或者理论，能进行比较深层次的教育教学研究。

事实上，教师专业发展的每一个阶段或者说每一个方面都会互相作用，互相产生影响。信念的发展促进知识和能力的提高，而能力的提高又能转变动机和态度，动机和态度的转变又能使能力得到进一步提升，而能力提升发展到新的职业阶段，自然又会增强教育信念。显而易见，新手教师在知识储备、实践能力以及理想信念等方面和一个资深老师会有较大的差距。对于教学方法和教学目标只处于一个简单的模仿阶段，日常教学问题的处理已经让他们疲于应付，根本无从考虑其他。他们的课堂设计会比较死板，教师讲述过多，多用灌输的方法教学。但是一个资深的老师就已经能够从容地处理各种日常问题，已经不再满足于简单地完成教学任务，会从学生的角度出发安排课堂教学，会有非常积极和稳定的专业态度。而专家型教师则会有更强的反思意识，他们会更能触发学生的自主性，他们的教学理念和思想清晰，已经成为某个领域的专家。

三、教师专业发展过程需要注意的几个问题

教师专业发展有其自然的规律，在过程中我们可以因势利导，抓住有利时机，重点突破以达到快速成长的目的，下面我们就来重点说明一下在教师专业发展过程中需要注意的几个问题。

（一）提高品德修养是贯穿一生的课题

教师是人类灵魂的工程师，肩负着塑造他人灵魂的重任，这就需要教师自己首先得有高尚的品质、纯洁的灵魂。因此，教师必须把提高品德修养当成贯穿一生的课题。一名教师最终在教育事业上能取得多大成绩，起决定作用的是教师对于教育事业的热爱程度和对学生的关爱程度。一个老师如果从内心对教师职业没有认同感，认为当老师就是个穷教书匠，总在心里艳羡当商人赚大钱，那么这样的老师很难投入工作，更不会形成什么教学风格，拥有什么教育理念。

然而对教育事业的热爱和对教学工作的投入，往往表现在对学生的关爱程度上，一个不爱学生的老师，不可能热爱教学工作。当老师得有"得天下英才而教育之"为一乐的信念和习惯。

《论语·子路》中说："其身正，不令而行；其身不正，虽令不从。"教师只有自己具备了良好的道德修养，才能有身教，这个是远胜于言传的。《一瓢诗话》中说："诗文与书法一理，具得胸襟，人品必高。人品既高，其一謦一欬，一挥一洒，必有过人处。"就是讲，诗文和书法要取得成就，就得有远大的志向和高洁的品行。教学工作亦是如此，要取得高的成就，必须得有高尚的品德修养和职业道德。

（二）广泛积累，形成完整知识结构

教学绝不仅仅只是完成教学任务那么简单，教学可以说既是科学，也是一门艺术。要形成自己特有的教学风格，必须达到教

学内容与形式的高度统一，这个统一则依赖于教师的知识结构。学高为师，身正为范。老师必须首先对所教学科的基础知识烂熟于心，知道学科内容的起源、架构、发展以及前沿知识。所以教师要掌握的知识要远超出教学大纲要求学生需要掌握的知识，所谓给学生一瓢水，自己得有一桶水，只有资之深，才能取之左右而逢其源。

跨学科研究日趋增多，各学科之间的知识原本也有联系，作为教师更要适应这个趋势，应该对相关学科都有所涉猎和了解。再者，现在是一个信息高度发达的时代，新生代学生们知识面的广泛可以不断带给老师惊喜以至于惊吓。面对这群上知天文，下知地理，懂得恐龙，研究得了飞机的学生们，如果教师的知识面不广，对于知识掌握不够透彻，有时候连教学任务都很难完成，更不用说其他更高层次的要求。因此广泛积累，形成完整知识结构，对于当今时代的教师来说是必须达到的要求。

第五节　需要着重锤炼的教育科研能力

专家型教师与普通教师的一个很大的区别就是有着很强的教育科研能力。这包括对学科的研究，对教学的研究，对班级管理的研究和对教育本身的研究。

一、为什么需要教育科研能力

教育科研能力是一种来源于教育实践而又有所超越和升华的创新能力。具体指教师应当具有扎实的教育学、心理学的理论知识和方法论知识，具有收集利用文献资料、开发和处理信息的能力，具有较好的文字表达能力，具有开拓精神、理论勇气和严谨的治学作风等。

教师具备教育科研能力不仅可以丰富和发展教育理论，也顺应了时代对广大教师的要求。传统教育观认为教师的职责就是"传道、授业、解惑"，因此以传授知识为主的传统教育模式造就了许多传授型的教师。为深化教育改革，全面实施素质教育，培养学生的创新精神和实践能力，社会对教师的素质提出了新的要求。我们的教师必须是科研型的教师，必须具备高水平的教育科研能力，否则无法适应这个变革。

根据长期的理论和实证研究，我们发现教师参与教育科研活动有以下优点：一是可以提高教师工作的责任感；二是可以纠正教师头脑中的一些陈旧观念，形成新观念；三是可以形成自己对教学活动的自觉意识，从而娴熟地运用教育规律去教书育人。

专家型教师善于分析思考，他们能够广泛吸收多学科知识，整合思考，推陈出新，我们把教师教育科研的能力主要划分为以下几个方面。

（一）处理信息的能力

信息处理就是对信息的接收、存储、转化、传送和发布等，这其中也包括对信息的分析、评估以及利用信息做出决策、解决问题等。教师的教育科研过程，就是一个获取知识，在头脑中进行综合处理，然后应用于教学工作日常，解决教学问题的过程。

（二）发现问题的能力

教育科研是用来解决问题的，而这一切都是从能够发现问题开始的。是否有问题意识，能够在教育实践中发现问题并能把其作为教育研究的课题进行研究，这是提高教育科研能力的关键点。因此能够发现问题，是进行教育科研工作必备的素养之一。

（三）创新意识和能力

教师所从事的活动是一种创新活动，教育科研所要研究的课题，一般都是没有既有模式的问题，那么如何解决这样的问题，这就要求从事教育科研工作的人员必须有创新意识和能力，要能够创造性地提出方案和解决问题。

（四）扎实的文字功底

教师上课时使用最多的是语言表达能力，但是在进行教育科研工作时，需要把自己经过分析研究的问题、方法和建议等诉诸文字，以报告、论文和著作的形式展现出来，这就要求教师得有扎实的文字功底。

二、如何提高教育科研能力

（一）提高教育科研意识

意识看起来似乎是一个很虚无的，是一个看不见摸不着，只可意会不可言传的东西。其实不然，按照心理学的概念，意识是一种人脑机能，是神经高度发展的表现，是人的心理对现实生活的自觉反映。可是，到底什么是教育科研意识呢？

教育科研意识就是教育工作者对教育工作有意识地进行研究和探索，是自觉运用理论指导实践的行为，既表现教育工作者对教育环境的被动适应，也表现为其对教育环境的主动改造。

教育是培养人的活动，人才是一个国家和社会的未来，从事这一活动的人就不能随意盲目，教师的科研意识对教育活动的影响作用非常明显。因此，积极开展教育科研既是教育事业发展的需要，也是教师本身自身素质提高的需要。

从教育实践来看，很多老师没有进行教育教学研究，倒不是不具备研究问题的能力，而是缺乏研究意识。他们为了保证升学率，为了保证教学秩序稳定，宁愿采取旧的教育模式，靠加班、靠补课、靠讲题、靠超负荷地工作以换取学生成绩的优异和升学率的提高。因此，想要成为专家型教师，必须从观念上做出改变。

俗话说，磨刀不误砍柴工，教育科研就是教育教学的磨刀石。只是我们很多老师对这一点还没有充分的认识，他们推崇的是"勤"字当头，每日忙于备课、教学、改作业，整天忙忙碌碌，却很少静下心来认真思考一下，有没有什么更好的方式，更轻松的办法来完成这些任务并能取得更佳的效果。这个静下心来的思考其实就是树立教育科研意识。

教育科研既不是没有意义的额外追求，也不是为了评定职称而必须完成的规定工作，不能以应付的态度进行教育科研。要从思想上真正树立教育科研是教学的一个有机组成部分的观念，进行教研活动也是教师必须履行的职责之一，每一位教师都应该主动地进行教育科研工作。

也有一部分老师，之所以不愿意进行教育科研工作，是因为他们认为教育科研工作非常复杂，只有教育专家才能进行；也有一些老师认为必须创一家之言才是教育科研，这些认识其实都是片面的。教育科研其实是一个经验累积的过程，是一个实践经验的总结和升华的过程。因此，改变观念，做到在教学中研究，在研究中教学，教学和研究相互促进，教研相长。

当然，教研工作确实也不是那么简单，如果只满足于简单的教学经验总结，肯定是不行的。有时候需要敢于发现问题，敢于冲破旧的樊篱，大胆地进行教学改革和教学手段的改进，这些都是成长为一个专家型教师必须有的素养。

（二）把实践与研究充分结合

教育科研是实践性的学科。进行教育科研不是为了著书立说，其目的是为了指导教育活动，只有把教育科研的成果广泛应用于教育教学活动实际，教育科研的价值才能真正得以体现。

专家型教师总是能将教育科研和教育实践两者充分的结合，

能从教育实践中发现问题、总结问题、分析问题、研究问题、解决问题，随后又能把研究所得应用于教育教学活动当中，改善教学方式，提高教学效率，达到教学目的。

辩证法告诉我们，实践是认识的基础和来源，实践是认识发展的动力，实践是检验真理的唯一标准，实践是认识的最终目的，而认识对实践具有反作用。其实，教育科研和教学活动之间的关系也是如此，教育科研的研究问题源于教学活动实践，教育科研的成果又要在实际教学活动之中应用，这才是真正完成了教育科研的任务。如果科研成果，只是被束之高阁的著作和论文，而不能在实际中应用，那是没有意义的。

但是教育活动的对象是学生，是有个性的个体，这就决定了教育科研成果的推广不会像自然科学技术转化那样容易。教育科研成果的应用推广，事实上是一个再创造的劳动过程。教育科研成果的结论不可能像自然科学成果那样精确，它只能先剥离特定的环境和条件，提炼出一些共性特点。而在成果的使用过程中，就又必须结合当时所处的环境特点，对学生特点进行综合分析，创造性的应用科研成果才能达到效果。另外成果的应用过程，也是对成果检验的过程，有时就会发现已有的成果需要完善和修正，这样就又可能产生新的教研成果。

当然教师从事教学科研工作并非专职，繁重的教学任务常常会影响研究的选题和研究时间的分配，但是如果能把研究任务和教学工作很好地结合起来，这个问题就比较容易解决了。所以说，已有教育科研成果的应用研究，是一个把科研和教学很好结合起来的方法。因此，把教育科研成果应用于教育实践活动对于教师来说，是可能而且必需的。

总之，教育活动是一个实践性极强，又和科学研究紧密相连的事业。教学实践是教学研究的来源和基础，教学研究又推动着教学实践的深入，使得教学事业能够实现螺旋式上升，实践和研究必须互相促进，缺一不可。因此，一位好老师，一位专家型教师必须是"实践的研究者"和"研究的实践者"。

第三章

新时代专家型教师的素养要求

第一节 新时代要求教师具有创新思维

创新是在当今世界在我们国家出现频率非常高的一个词语。同时，创新又是一个非常古老的词。在英文中，创新（innovation）这个词起源于拉丁语。它有三层含义：第一，更新；第二，创造新的东西；第三，改变。创新作为一种理论，形成于20世纪，由美籍奥地利政治经济学家、哈佛大学教授熊彼特于1912年第一次将其引入经济领域，从而形成了一种理论。

创新思维是指以新颖独创的方法解决问题的思维过程，通过这种思维能突破常规思维的界限，以超常规甚至反常规的方法、视角去思考问题，提出与众不同的解决方案，从而产生新颖的、独到的、有社会意义的思维成果。

对创新我们有多方面的理解，说别人没说过的话叫创新，做别人没做过的事叫创新，想别人没想的东西叫创新。有的行为之所以叫它创新，就是因为它改善了我们的生活质量，提高了我们的工作效率；有的是因为它巩固了我们的竞争地位，有的是对我们的经济、社会、技术产生了根本影响，所以我们叫它创新。但是创新不一定非得是全新的内容，改变形式，换种包装也是某种意义上的创新；旧的东西有新的切入点也可以叫作创新；总量不变改变结构叫创新，结构不变改变总量亦叫创新。

一、时代需要创新精神

我们国家已经进入了新时代，这是一个高速发展，快速变革的时代，这个时代尤其需要创新精神。创新精神是一个国家和民族发展的不竭动力，也是一个现代人应该具备的素质。

党的十八大以来，习近平总书记数次强调"创新"对中国全面深化改革和发展起到的重要作用。变革创新是推动人类社会向前发展的根本动力。谁排斥变革，谁拒绝创新，谁就会落后于时代，谁就会被时代淘汰。改革创新，指的是改掉旧的、不合理的部分，使更合理完善，更新的事物得以发展。改革创新是社会主义核心价值体系的基本内容之一，也是实现科学发展观的重要动力。以改革创新为核心的时代精神是中华民族历来具有的富于进取的思想品格。

创新精神是指要具有能够综合运用已有的知识、信息、技能和方法，提出新方法、新观点的思维能力，进行发明创造和改革的意志、信心、勇气和智慧。

创新精神是一种勇于抛弃旧思想、旧事物，创立新思想、新事物的精神；创新精神是不满足已有认识，已掌握的事实，已建立的理论，已总结的方法，不断地追求新知的精神；创新精神是不满足现有的生活、生产方式，根据实际需要或新的情况，不断进行改革的精神；创新精神是不墨守成规，敢于打破原有框框，探索新的规律和方法的精神；创新精神是不迷信书本、权威，敢于根据事实和自己的思考，对书本和权威质疑的精神。创新精神提倡独立思考，不人云亦云，但这并不是不倾听别人意见的固执己见或者狂妄自大的孤芳自赏，而是要团结协作，不断交流，互通有无。

勇于创新就要有不怕犯错误的精神，当然这并不是鼓励犯错误，只是说错误认识是科学探究过程中不可避免的。创新精神提倡不迷信书本、权威，但是并不反对学习前人的经验，任何创新都是在前人成就的基础上进行的。创新精神提倡大胆质疑，而质疑要有事实和思考的根据，并不是虚无主义地怀疑一切。总之，要用全面、辩证的观点看待创新精神，只有具有创新精神，我们才能在未来的发展中不断开辟新的天地。

二、时代需要教师具有创造力

人类从远古时代开始，从手脚并用到直立行走，从茹毛饮血到山珍海味，从新石器时代到现在的信息时代，无不是通过创造取得了这一切。其实人类的历史，就是一部灿烂的创造史。进入现代科技社会，对于人才的首要标准就变成了有创造力。2019 年2 月，中共中央、国务院印发《中国教育现代化2035》，从战略与全局的高度提出了新时代面向教育现代化、建设教育强国的重大部署，明确将"建设高素质专业化创新型教师队伍"作为推进教育现代化的十大战略任务之一。培养具有创造力的人才是现代教育必须完成的任务，这不仅是个体发展的问题，而是社会进步的需要。一个没有创新能力的民族，是难以屹立于世界先进民族之林的，而民族的创新能力来源于青年一代，青年一代创新意识的培养、创新精神的启发则主要靠我们的老师。如果老师缺乏创造力，那势必无法培养出适应社会发展需求、面向未来的有创造力的学生。但是现在我们教育的一个很大弊端是，师资力量缺乏，教育观念陈旧，教育模式单一，教学形式死板，有时候扼杀了孩子的创新能力。一句话，要培养有创造力的学生，就必须首先有具有创造力的老师，他们能够灵活地运用各种教学手段，使用各种教学方法，尽最大可能给予学生启发，促进学生学习成绩的提高及创造力的发展。

教师要能够发现学生的特点和潜能并予以激发，要能够做到因材施教，及时发现学生的闪光点。富有创造力的教师对于教学、学科、学生会有自己的见解和认识，他们具有反思和批判精神，他们拥有自己的教育理念，他们会把自己的教学理念渗透在教学安排之中，这种特点将是成长为专家型教师的动力之一。

现代社会需要现代的教学方式，这就要求老师不能拘泥于旧的方式方法，要能够有创造性地设计新的教育方法和活动方式，这样才能吸引从小跟互联网打交道的这一代孩子，从而达到预设的教学效果。因此要成长为专家型教师，创造力不可缺少。

但是从现实的教学情况看，我们老师的创造力相对而言都比较薄弱，究其原因应该是多方面的。

从客观方面来看，现在的教师成长于传统的教育体制和教育模式之下，创造力的发展受到了一定的束缚。再者，我们现在的教育比较强调统一性，往往得使用统一大纲、统一教材、统一考试、统一评价标准，这也就大大限制了教师们创新的余地。教师往往不得不按部就班，长此以往，原有的一些创造力可能也会被消磨殆尽。还有，现在的教学资料信息非常丰富，而且非常容易获得，因此也不乏一些"优质教案"的普遍存在，这在一定程度上导致了教师的懒惰和依赖性，常常实行拿来主义。如此这样，教师也就不愿意费心去思考创作，久之也就不会思考创造了。最后一点就是，教师现在的教学任务非常繁重，升学率是悬在老师头上的达摩克利斯之剑。而现在的学校多使用量化管理，教师们往往在疲于奔命地完成各项工作任务，对于科研工作常常只是追求量而非质。

从主观上来分析教师创造力薄弱的原因，主要是以下因素导致的。

（一）有些教师对于教师本身的作用理解得有失偏颇

他们往往只重视教师"授业"的责任，而对于"传道和解惑"重视不足，把自己仅仅当成了知识的传声筒。在这样的定位和理解之下，他们就很难去探索新的教学方法，很难有对学生进行因材施教的主动性和创造性。

（二）有的教师对于教育事业忠诚度和对学生的爱心不足

只有对教育事业有着较高的忠诚度，才能努力进行教育探索，才能在实践中不断总结提升以取得更大成绩。对于学生只有倾注足够的爱心，要有俯首甘为孺子牛的决心，才能真正地去关心学生的特点，发现学生的亮点，真正地把教育当成事业来奋斗，而不仅仅只是完成必须的工作。

（三）教师的教育科研能力不足

创新的过程是研究提炼的过程，具有创造力的老师，必定是善于思考总结，具有科研意识和科研能力的人。教师只有通过教育研究把创新成果应用于教学实践，才有可能创新教学方式，实现创造性教育。

总之，现在是一个高速发展的时代，是一个需要创新的时代，是一个需要创新人才的时代。培养创新人才的希望就在教师身上，要成为符合现代教育要求的教师，成长为一名专家型教师，就必须纠正创造力薄弱的缺点。

三、时代需要创新的教育观念

最好的教育是用生命影响生命，是用心灵感动心灵。所有的教育行为都来源于教育观念，要成长为专家型教师，要从教育观念入手，不再拘泥于旧的师生关系，打破旧有的教育限制，创新教育观念，只有这样才能进步成长。

现在我们必须树立的观念就是，教师的责任不只是传授知识，更要能促进学生自主学习，他们不仅仅是传统的教育者，还是新型教学关系中的研究者和学习者，作为专家型教师，他们的教育观应该是这样的。

（一）转变传统教育观念，鼓励学生创造力的发展

这就要求教师们做到，改变教育教学中心，从以教师为中心，转变为以学生为中心，真正做到一切为了学生，为了学生的一切。在具体进行教学时，要从单纯的"教课本"的模式，变成"用课本教"，要对教材的使用更加灵活，要让教材内容和学生实际相适应。另外，还要改变过去纪律要求过于严格，课堂气氛过于压抑沉闷的现状，要让课堂变得更加开放，要营造出学生主动探索、生动活泼的课堂氛围。这样的氛围才有助于学生积极主动地进行探索性学习，才能调动学生的积极性，才能保护并培养学生的创造性。

（二）鼓励学生发挥主观能动性，自觉自主学习

鼓励学生自觉自主学习，充分发挥学生的主观能动性，就需要使学生尽可能多地参与教学活动。教师要学会引导学生积极思考，大胆想象，主动探索，帮助学生挖掘自己的潜力，提高创造力。

（三）注重因材施教，充分尊重学生的个性

具有创造力的学生，往往不是老师认为的最听话、最乖的学生，他们表现出来的特征可能是"奖罚与之无效"或者说是"软硬不吃"，他们心里有自己认定的坚持和自己打定的主意。他们可能常常会引发这样那样的问题，有时会让老师生气。面对有个性的学生，老师一定要做到因材施教，有教无类，要承认学生的个体差异，使每个学生都能最大程度地发挥个体潜能。

（四）构建新型师生关系

现在的教师不应该再是高高在上的夫子，要学会"蹲下身子与学生对话"，教师应该成为"平等对话的表率"，更应该知道教学相长，建立平等互动的师生关系，做到和学生一起对话，一起成长。老师在学生心目中的形象应该是亲切的，可以接近的。在北京大学一直流传着一个"校工"给新生看行李的故事。

【案例】

20世纪70年代，一位新生到北京大学报到。他刚到北京，人生地疏，惊惊惶惶。由于行李太多，一个人肩扛手提，不便提着行李办理新生报到手续（注册、分宿舍、领钥匙和买饭票……）。他正在未名湖旁犯愁时，看到一位穿着洗得褪色的中山装的老人，还戴着北大的红校徽，断定这个人是学校的老校工，就主动向老人招呼说："大爷请帮我照看一下行李好吗？我去办理新生报到手续。"老人爽快地回答说："行！不过你要快点回来。"于是那位新生手忙脚乱地把行李托付给那位手提塑料网兜路过的"老校工"。新生东奔西走，待忙过一切，已过正午，这才想起扔在路边托"老校工"照看的行李，当即吓得灵魂出窍。一路狂奔着找回去，只见烈日下那位"老校工"仍等在路旁，手捧书本，悉心照看自己的行李。那位新生对"老校工"千恩万谢，庆幸自己有贵人相助，头一次出远门，就碰上好人。次日开学典礼，那位新生看见昨天帮他看管行李的那位慈祥的"老校工"竟端坐在主席台上。那位新生找人一问，竟然大吃一惊，原来"老校工"就是鼎鼎大名的北京大学副校长季羡林。

季羡林是著名的国学大师，但是装束朴素，面容和蔼，气质朴实且平易近人。他虽是领导却没有领导的架子，虽是教授却不恃教授的资格，他是著名的学者但不谝学者的地位，这就是我们老师应该在学生面前树立的形象。

（五）重视社会实践活动

社会实践活动是教育活动中发展学生智力与能力，提高其创造力最为有效的途径。因为社会实践活动的内容既涉及自然科学，也涉及社会科学，综合性很强，为提高学生的创造性思维能力提供了可能性。社会实践不仅要求学生学习社会实践的知识，还要学会运用社会实践知识解决各种社会实践问题，而这一切的核心是创造性思维能力。它的形成和发展是以牢固掌握社会实践知识为基础的。人们常说"无知必无能"，这是很有道理的，不爱学习，知识和经验贫乏的人，他的认识思维活动不可能发展得很好，当然也就谈不上发展创造性思维了。通过社会实践活动培养学生的自学能力，鼓励学生通过阅读、观察、分析、比较、综合概括寻求更多的知识，这无疑会提高他们的观察能力和调查能力，对训练他们的理解、判断、推理、归纳、综合、评价等思维能力和发展智力有极大的帮助，这就为学生提供了进行发散性、伸缩性思维的现实可能性，从而有利于发展学生的创造性思维能力。

第二节　新时代专家型教师需要全新的教育理念

我们可以将教育理念理解为关于教育方法的观念，是教育主体在教学实践及教育思维活动中形成的对"教育应然"的理性认识和主观要求。教育理念既可以是系统化的，亦可以是非系统的、单一或彼此独立的理性概念或观念，取决于教育主体对"教育应然"即教育现实的了解和研究程度以及他们指导教育实践的需要。无论是系统的还是非系统的教育理念，均对教育主体的教育实践产生影响。

一、现代教育的主要理念

现代教育理念、教育思想非常多。根据各种理念的核心思想，教育界现在普遍认可的主要理念可以归为以下十种。

（一）以人为本理念

当今社会已经由只重视科学技术发展到以人为本的时代，教育作为培养和造就社会所需要的合格人才以促进社会发展和完善的崇高事业，自然也应当全面体现以人为本的时代精神。因此现代教育强调以人为本，把重视人、理解人、尊重人、爱护人、提升和发展人的精神贯注于教育教学的全过程，它更关注人的现实需要和未来发展，更注重开发和挖掘人自身的禀赋和潜能，更重视人自身的价值及其实现，致力于培养人的自尊、自信、自爱、自立、自强意识，不断提升人们的精神文化水平和生活质量，从而不断提高人的生存和发展能力，促进人自身的发展与完善。《中国教育现代化 2035》强调了要更加注重面向每个人，更加注重因材施教，这都是以人为本理念的体现。

（二）全面发展理念

现代教育以促进人的自由全面发展为宗旨，因此它更关注人发展的完整性、全面性。表现在宏观上，它是面向全体公民的国民性教育，注重民族整体的全面发展，以大力提高和发展全民族的思想道德素质和科学文化素质，提高民族的知识创新和技术创新能力，增强包括民族凝聚力在内的综合国力为根本目标；表现在微观上，它以促进每一个学生在德、智、体、美、劳等方面的全面发展与完善，造就全面发展的人才为己任。这就要求人们在教育观念上实现由精英教育向大众教育，由专业性教育向通识性教育的转变，在教育方法上采取德、智、体、美、劳等多育并举、整体育人的教育方略。

（三）素质教育理念

现代教育摒弃了传统教育过分重视知识的传授与被动接受的教育思想与方法，更注重教育中知识向能力的转化以及内化为人们素质的程度，更加强调知识、能力与素质在人才整体结构中的相互作用。针对传统教育重知识传递、轻实践能力，重考试分数、轻综合素质等弊端，现代教育更加强调学生实践能力的锻炼，及全面素质的培养和训练，主张能力与素质是比知识更重要、更稳定、更持久的要素，把学生综合素质的培养与提高作为教育教学的中心工作来抓，以帮助学生学会学习和强化素质为基本教育目标，旨在全面开发学生的诸种素质潜能，使知识、能力、素质和谐发展，提高人的整体发展水准。

（四）创造性理念

传统教育向现代教育的重要转型之一，就是实现由知识性教育向创造性教育转变。现代教育强调教育教学过程是一个具有高度创造性的过程，以点拨、启发、引导、开发和训练学生的创造力才能为基本目标。它主张以创造性的教育教学手段和优美的教育教学艺术来营造教育教学环境，充分挖掘和培养人的创造力，培养创造性人才。现代教育主张，教育是由旨在培养学生的创新精神、创新能力与创新人格的创新教育与旨在培养学生的创业精神、创业能力与创业人格的创业教育结合而成的双创教育。因此，加强创新教育与创业教育并促进二者的结合与融合，培养创新型、创业型复合性人才成为现代教育的基本目标。

（五）主体性理念

现代教育是一种主体性教育，它充分肯定并尊重人的主体价值，强调人的主体性，充分调动并发挥教育主体的能动性，使外在的、被动接受的教育，可以变化成受教育者自身的能动活动。主体性理念的核心是充分尊重每一位受教育者的主体地位，"教"始终围绕"学"来开展，以最大限度地激发学生的内在潜力与学习动力，使学生由被动接受的客体变成积极主动的主体，使教育过程真正成为学生自主自觉活动和自我建构的过程。为此，它要求教育过程要从传统的以教师为中心、以教材为中心、以课堂为中心转变为以学生为中心、以活动为中心、以实践为中心,倡导自主教育、快乐教育、成功教育和研究性学习等新颖活泼的主体性教育模式,以点燃学生的学习热情,培养学生的学习兴趣和习惯,提高学生的学习能力,使学生积极主动地学习和发展。

(六)个性化理念

丰富的个性发展是创造精神与创新能力的源泉,信息化时代是一个创新的时代,它需要大批具有丰富而鲜明个性的人才来作支撑,因此它催生出个性化教育理念。现代教育强调尊重个性,正视个性差异,张扬个性,鼓励个性发展,它允许学生发展方向的不同,主张针对不同的个性特点采用不同的教育方法和评估标准为每一个学生个性充分发展创造条件。它把培养、完善个性的理念渗透到教育教学的各个要素与环节之中,从而对学生的身心素质特别是人格产生深刻而持久的影响。个性化理念在教育实践中首先应创设和营造个性化的教育环境和氛围,搭建个性化教育大平台;其次,在教育观念上它提倡观点平等、宽容精神与师生互动,承认并尊重学生的个性差异,为每一位学生个性的展示与发展提供平等的机会和条件,鼓励学生各尽所能;再次,在教育方法上,注意采取不同的教育措施,施行个性化教育,注重因材施教,实现从共性化教育模式向个性化教育模式转变,给个性的健康发展提供宽松的生长空间。

(七)开放性理念

当今时代是一个空前开放的时代,科学技术发展日新月异,经济全球化使世界日益成为一个更加紧密联系的有机整体。传统的封闭式教育格局被打破,取而代之的是一种全方位开放式的新型教育格局。这一切不但包括教育观念、教育方式、教育过程的开放性,还包括教育目标、教育资源、教育内容和教育评价的开放性等。教育观念的开放性是说教育要广泛吸取一切优秀的教育思想、理论与方法为我们所用，不用拘泥于民族国家之分；教育方式的开放性是指教育要走国际化、产业化、社会化的道路；教育过程的开放性则是说教育要从学历教育向终身教育拓展，从课堂教育向实践教育、信息网络化教育延伸，从学校教育到社区教育、社会教育发展；教育目标的开放性即教育要不断开启人的心灵世界和激发人的创造潜能，不断提升人的自我发展能力，不断拓展人的生存和发展空间；教育资源的开放性则指充分开发和利用一切传统的、现代的、民族的、世界的、物质的、精神的资源用于教育活动，以激活教育实践；教育内容的开放性指设置教育教学环节和课程内容要面向世界、面向未来、面向现代化，使教材内容由封闭、僵化变得开放、生动和更具包容性与新颖性；教育评价的开放性指打破传统单一文本考试的教育评价模式，建立起多元化的、更富有弹性的教育评价体系与机制。

（八）多样化理念

现在是一个日益多样化的时代，随着社会结构的高度细化，社会生活的复杂多变以及人们价值取向的多元化，教育也呈现出多样化发展的态势。这首先表现在教育需求多样化，为适应经济社会发展的要求，人才的要求、标准必然要求多样化；其次表现在办学主体多样化，教育目标多样化，管理体制多样化；再次还表现在灵活多样的教育形式、教育手段，衡量教育及人才质量的标准多样化，等等。这些都为教育教学过程的设计与管理提出了更高的要求与挑战，它要求不同层次、不同类型、不同管理体制的教育机构与部门进行柔性设计与管理，它更推崇符合教育教学实践的弹性教学与弹性管理模式，主张为教育事业的发展提供更加宽松的社会政策法规体系与舆论氛围，以促进教育事业的繁荣与发展。

（九）生态和谐理念

生物的生长需要良好的自然生态环境，人才的健康成长同样也需要宽松和谐的社会生态环境的滋润。现代教育主张把教育活动看作是一个有机的生态整体，这一理念既包括教育活动内部的教师、学生、课堂、实践、教育内容与方法诸要素的亲和、融洽与和谐统一，也包括教育活动与整个育人环境设施和文化氛围的协同互动、和谐统一，把融洽、和谐的精神贯注于教育每一个有机的要素和环节之中，最终形成统一的教育整体，使人才健康成长所需的土壤、阳光、营养、水分、空气等各种因素都能够和谐共存，达到育人的最佳生态状态。所以，现代教育倡导"和谐教育"，追求整体有机的"生态性"教育环境建构，力求在整体上做到教学育人、管理育人、服务育人、环境育人，营造出人才成长的最佳生态区，促进人才的健康和谐发展。

（十）系统性理念

随着知识经济的来临，学习型社会的到来，使得终身教育成为现实，教育成为伴随人一生的最重要的活动之一。因此，教育不仅是学校单方面的事情，也不仅是个人成长的事情，而是关乎社会进步发展和整个国民素质水平的大事，是关乎精神文明建设及两个文明协调发展的全局性、战略性大业，它是一项由诸多要素组成的复杂的社会系统工程，涉及许多行业和部门，所以需要全社会普遍参与、共同努力才能搞好。所以，与传统教育不同，我国正处于形成社会大教育体系的转型时期，它需要在系统工程的理念指导下进行统一规划、设计和一体化运作，以培养人们的学习能力，提升人们的生存和发展能力为目标，以实现社会系统内部各环节、各部门的协调运作、整体联动为基础，把健全教育社会化网络作为构成教育环境的中心工作来抓，促进大教育系统工程的良性运行与有序发展，以满足学习型社会对教育发展的迫切要求。

二、秉承现代教育理念，专家型教师应该如何做

所谓知易行难，理念都好理解，但是到底如何做，如何能够做好，这并不是一件容易的事情，下面我们通过两个案例来直观感受一下，面对现代教育理念，一个专家型教师应该如何做。

【案例一】

芮火才，常州市"学校发展教师"名师工作室领衔人、溧阳市教育局副局长，先后获得溧阳市首届杰出人才奖，常州市劳动模范，江苏省德育先进工作者，江苏省教科研先进个人，江苏省先进教育工作者，江苏省特级教师光荣称号。其"教育就是服务"的教育思想在省内外产生了积极影响。

1981年，我19岁，被分配到溧阳县某所小学，开始了我的教师生涯。近25年的工作经历和点点滴滴，令人难忘。分析影响专业成长的因素，感悟个人发展的规律，有几个词总是在脑海里时隐时现：兴趣，锻炼，学习，慎独。

兴趣是怎样形成的

如果一个人对做教师比较感兴趣，那么这个人成为一个好教师的概率就会大大提高。我在某小学和其他几所农村学校工作时，尽管生活艰苦(每天步行5里路上班，中午自己做饭)，课务很重(每周23节课)，但工作中没有感到累和苦。调到实验小学后，物质条件和工作环境发生了巨大变化，却并没有感到多少甜。1983年至1984年，我多次获得县级荣誉，是乡老师中获得荣誉数量最多、

级别最高的人并且于 1984 年入了党，于 1985 年担任了中心小学的教导副主任，但我没有多少喜悦感。相反，我进入实验小学后，作为普通教师，长达十几年没有获得任何荣誉（包括校级先进），但没有一点儿失落感。像这样，如果一个人生在苦中不觉苦，处在福中不知福，有了荣誉不骄傲，没有荣誉不消极，就说明这个人对从事该项工作是有兴趣的。

我对教师职业有兴趣，工作中心态比较平和，教师社会地位不高我不自卑，工作报酬不高我不计较，工作成效不被认可我不失望，工作取得成绩我不张扬。如果进一步追问，做教师的兴趣从何而来？我认为三分之一是固有的，三分之一是时代造就的，三分之一是环境影响的。

据我母亲讲，我小时候，父亲抱着我逢人便说"我们生了个芮先生"。我比较喜欢做教师，可能和父母亲从小的心理暗示有一定的关系。我们工作的年代是计划经济占主导地位的时代，自主选择余地少，自主发展空间小，国家安排你做教师感到是天经地义的事，似乎不能也没有必要不感兴趣。在我的记忆中，工作至今从来没有受到领导和同事的约束、批评和指责，更多的是领导与同事对我的关心、帮助和赞赏，这使我在工作中非常开心和自由，也就对当老师逐渐有了兴趣。记得到某小学上班没几天，我向校长提出想听听老教师上课的请求，结果校长反而说我是科班出身，要我上一堂公开课让其他老师学习学习。没过几天，全校所有老师（共 5 位）居然非常认真地听了我的一堂数学课，评课时还说我的课讲得相当不错。这使我既将信将疑，又受到莫大鼓舞。到了男大当婚的年龄，由于教师社会地位不高，家庭经济条件差，我相貌勉强及格又生性害羞，讨个理想的老婆便成了难题。学校许多老师自愿为我做红娘，打着灯笼到处为我找对象，这使我非常感动，同时也美梦成真，找到了一个漂亮、贤惠的妻子。说实话，想当年，如果老师们不帮忙，凭我那副德行，说不定就会光棍至今。1985年，可能因为我教学上取得了一点儿成绩，中秋节那天，教研室居然请我到溧阳宾馆吃饭。这是我第一次到溧阳宾馆做客，第一次知道世上还有这么多我从来没有吃过的好菜。

兴趣在锻炼中发展

如果兴趣不能转化为教育教学水平，那么这样的兴趣就不大可能长久，个人觉得兴趣转化为教育教学水平的关键是锻炼。说句极端的话，只要锻炼机会足够多，白痴也有可能变天才。

根据推算，我可以说是我们溧阳同龄教师中待过的学校类型最多，教过的学科最多，从事的工作范围最广，参加竞赛和外出学习培训机会最多的人。

我待过的学校中有条件艰苦的农村小学，也有市里第一的实验小学，这样的经历深化了我对教育教学的理解，也丰富了对学生的了解。特别重要的是，在农村工作的几年，让我这个农民的儿子切身体会到农村孩子对知识的渴望和教育对他们发展的重要作用，这也在一定程度上培养了我从事教育教学工作的使命感和责任感。到目前为止，小学的学科中我只有语文没有教过。工作第一年，我主要教四五年级数学，虽然我五音不全，但因为是科班出身，居然兼教四年级的音乐，另外还教体育、思想品德、美术等学科。在中学还教了一年英语，后来还教过地理、历史等学科。做了校长后，放下了任教十几年的数学，主要教思想品德、社会等学科，这样的经历虽然很难保证学有专攻，但使我对教学、对课堂的理解更加全面和深刻。更因为是科班出身，在小学任教时我还带过学校的体育运动队，居然得了全乡运动会总分第一名。到实验小学工作后，当了学校的政教处副主任，因为美术教师人手不够，有一段时间，学校对外宣传的许多横幅都由我自己写、自己贴、自己挂。工作第三年，我担任小学的教导副主任，一年半后分管数学教学工作。1988 年，我担任小学政教副主任，分管学校的德育和少先队工作。1990 年，我以政教处副主任的身份坐进了校长室，担当三位德高望重老校长的助手，为他们打杂。1991 年起担任副校长，第一年还兼任政教处主任。1998 年至今一直担任校长。我锻炼的岗位和机会如此之多，除了领导的厚爱，还有一个重要原因就是我这个人比较好说话。不管是领导还是同事，只要有事找到我，只要有时间，我都会无条件地接受。记得《国旗法》刚颁布的时候，每周要进行国旗下讲话，学校的规矩是值周的行政人员担当此任。但可能因为我在行政人员中年纪较轻，也可能其他行政人员对我比较关心，国旗下讲话的主角成了我。记得有一学期我连续在国旗下讲话 12 次。这些锻炼对于我来讲非常重要，不但提高了我的管理能力和教学能力，更重要的是迅速提高了我的语言表达能力。不怕各位见笑，我刚工作的四五年里，不要说见到陌生人，就是见到同事也是面红耳赤，上课虽然条理清楚，但语言还是了无情趣。现在虽然不能算能说会道，但不管在什么场合至少都能夸夸其谈。20 多年没见面的同学相聚后说，从我的谈吐看好像变了个人，实际是通过不断的锻炼，脸皮越来越厚罢了。

1983 年，我参加了教师生涯的第一次业务竞赛——溧阳县青年教师练兵活动（优秀课评比）。先是参加乡里的选拔，接着是参加区里角逐，最后参加了县里的比赛，结果得了比赛的最后一名——三等奖（排名最后一名）。但你别小看这个三等奖的最后一名，从此我就有了外出听课的机会并成为教研室数学中心研究组的成员，开始知道了外面的世界有多精彩，自己的分量有多重。

1984年，我又有幸参加全县的"最佳课"评比，得了个二等奖（数学学科没有设一等奖）。从此外出学习和参加学术研讨活动的机会更多了，教学上也开始小有名气并因此调入实验小学工作。到实验小学工作后，天地更加广阔，全省知名学校我基本上都去过，全省知名特级教师的课我都听过，全省知名专家包括在全国有一定影响的教育教学行家的报告我都听过并与这些知名校长、特级教师和专家都进行过深入的面对面的交流。这样的一些竞赛和培训活动，不但使我教育教学能力得到迅速提高，而且教育教学的心胸和素养也不断开阔和提升，于是我的兴趣也越来越浓了。

学习让兴趣插上理性的翅膀

工作中常有这样的感觉，几天不看书学习就觉得闷得慌，工作没有新意，上课讲不出新鲜话，生活似乎缺少点什么。这一方面说明社会发展对教师水平的要求越来越高，不学习就会被一种无形的压力所笼罩，另一方面说明不断学习可能已经成为习惯，不学习就难受。

我认真学习的时期就是刚刚参加工作的三四年里。1981年丹阳师范毕业后，我发现当年学习成绩远不如我的一些同学经过补习纷纷考取了大学，我心里很不平衡，萌生了考大学的想法并迅速行动了起来，一年365天几乎每天吃了晚饭都在家里看书，足不出户，每天上班途中还通过收音机学习英语，把高中的课程通通自学了一遍。后来并没有考大学的主要原因是感到复习备考和教育教学不能兼顾，因为想考大学而放松教育教学工作使我良心上过意不去，在知足常乐和阿Q精神的引导下，放弃了上大学的梦想，一心一意做老师。这一段学习经历，不但使我养成了爱读书的习惯，而且进一步优化了我的知识结构，无形中也进一步强化了我对教育教学的兴趣。

兴趣与学习的相互作用，相互影响，最终让学习成了我的生活方式之一，学习也让兴趣插上了理性的翅膀。

有两次学习经历令人难忘。一次是 1995 年参加的全国小学校长培训班，我第一次和国外的教育专家面对面，学习了如何反思育己教学工作的方法，如何向自己和别人抛问题，如何独立思考等，这使我在教育教学工作中不迷信权威，不迷信书本，有独立的教育教学人格。另一次是紧跟其后参加的南师大研究生课程班。这次学习有了和高校专家零距离接触的机会并比较系统地学习了最前沿的教育教学理论，对教学中一些百思不得其解的问题从理性的角度找到了一些答案，学会了如何在理论的指导下思考问题并能结合学科和学生实际创造性地开展教学工作，初步形成了对教育和教学的个性化理解。

对我教育教学思想影响最大的学习内容是 1980 年代接触的"三论"原理和陶行知生活教育理论。

记得在小学任教时，我得到了三本小册子，分别是《系统论》《信息论》和《控制论》。由于"三论"原理和我对世界、对事物、对教育的认识有相似之处，我如饥似渴地通读了三遍，不但坚定了原有的一些认识，同时改变了我的思维方式和心智模式，能够更全面、更系统、更立体地看待教育和教学工作。

大约在 1990 年，学校组织老师们参观陶行知纪念馆，我全面了解了陶行知先生的生平，阅读了陶行知先生的文集，被陶行知先生的生活教育理论和儿童观所深深吸引，受陶行知儿童观的影响，我对孩子的看法发生了质的变化，能逐渐站在孩子的角度、用孩子的思维方式看待孩子的一言一行。课堂教学中能充分尊重孩子的自尊心，保护孩子的合法权利，力图从孩子的需要入手设定教学目标和任务并根据课堂中孩子学习的状态决定下一步的学习内容和方法。

作为日常阅读需要，工作的前十多年我主要看三本杂志，一是《教育研究》，二是《读者文摘》（后改名为《读者》），三是《名作欣赏》。这三本杂志从我工作的第一年就开始订阅，其中前两本杂志一直订阅至今，《名作欣赏》几年后不知何故无法订阅（据说已经停办）。之所以工作第一年就看《教育研究》，是听说《教育研究》是全国最高水平的教育理论刊物，我心想如果能把它看懂而且还经常看，教育理论水平肯定能得到较大提高。说实话，一开始根本看不懂《教育研究》上的大部分文章，但我强迫自己慢慢看、反复看，后来看得懂的东西也就越来越多。至于为什么选择《读者文摘》，是因为其摘录的文章短小精悍，富有哲理，不但能拓宽知识面，而且能修身养性，感悟人生道理。之所以订阅了《名作欣赏》就是认为做老师要有点儿人文修养和艺术素养。事实上，当初的理想基本上变成了现实。

我学习的基本观点是，只要不是反动和不健康的书刊都应该看一点儿，对于我们这些知识结构并不合理的教师来讲，杂也许比精更重要。正因为如此，我虽然当时教的是数学，但大专函授学的是中文，后来本科函授的专业又变成了教育管理。我1983年参加大专函授时，每个礼拜都要到城里集中学习两天，课余就花几分钱看小人书，当时溧阳里的小人书都被我看遍了。

学习非常认真的人也许成不了一个好教师，但要想成为一个好教师，终身学习必不可少。

兴趣的良好发展必然形成教学个性

我对领导很尊敬，但从来不唯命是从；我对专家很尊重，但从来不盲目信从；我乐意向书本、同事和同行学习，但从来不照搬硬套。这样的处事方式用一个好听的词来概括就是——慎独。

现在想起来，我之所以慎独，是因为我的兴趣在锻炼与学习中获得了发展、转化，并逐步积淀为"底气"，底气足了自然更容易独立思考。

我调入实验小学工作后，因为曾经得过全县优秀课评比的奖项，自然就被定为公开教学的首选人员。但我在实验小学上过3次公开课后，就再也没有了开课的机会。那时上公开课，教学设计包括上课的每一句话、每一个动作都要由领导审定，而且公开教学时不能更改（至少不能有大的改动）。当时指导我上课的主要人员是学校分管数学教学的教导主任和教研室分管数学的教研员。在实际研讨中，一节课怎么上实际上有三种意见。一是教导主任的看法，二是教研员的看法，三是我个人的意见。说实话，我当时觉得他们的指导水平虽然很高，很有价值，但要在课堂教学时把他们的意图充分体现出来非常困难并且他们的想法很多时候并不一致。另外，我当时朴素地认为上课不是演戏，不能什么都是上课前决定好的，否则容易在公开课中迷失自我。所以我在公开教学时就自作主张地对原定的教学计划进行了修改，保留他们的合理化建议，加上自己的思考，另外上课时还要根据课堂上出现的新情况、新问题即兴发挥。因此公开课的实际和教学设计相去甚远。由于公开课的效果并不好，再加上自己非常固执，事后听说领导私下里说我人比较骄傲、不够谦虚，后来的公开课自然也就没有我的份了。我对领导的做法一点儿没有感到不满，站在他们的角度，他们的决定无可非议。但我一点儿也没有改变自己的想法和做法的打算，因为我认为我的想法和做法也不是一无是处。在以后的日子里，虽然没有机会上公开课，但我始终没有放弃自己的教学追求，直到十几年后，我参加校长优秀课评比，自己的课堂教学才重现"江湖"并得到了同行比较广泛的认可。

回想当年上公开课的想法和做法，实际并没有错，之所以效果不佳，事实上还是火候没到。如果当时听从专家的"摆布"，也许公开课上得"好看"一点儿，会容易得到领导和专家的认可，但这并不利于个体的持续发展和教学个性的培养。当然教学个性的形成还是环境的产物。开始工作的五六年里，基本上没有人"指导"我，更没有人对我指手画脚，批评就更谈不上了，更多的人是说我的课上得如何如何好，如何如何有水平，基本上没有受过什么"规矩"的约束，因此人的自信心比较足，也比较"野"，不会轻易听从他人的意见，不会跟风随大流，对他人的不同意见也就满不在乎，做了副校长和校长后，由于得到的肯定和鼓励更多，再加上理论修养也得到较大提高，人也变得更自信，教学也自然更有个性。

独立思考与成功激励也许就是兴趣发展为教学个性的重要条件。

从芮火才老师的自述中我们可以看出，他的成功与他的教学理念密不可分，而他的教育理念又主要得益于他的学习方法和几次关键的学习经历，有了这些实践、探索与学习，才最终形成了他"教育就是服务"的教育思想。

芮火才老师总结自己成功的几个关键词为兴趣、锻炼、学习和慎独。因为对教师职业有兴趣，他才能深入钻研如何成为一名好老师。在成长过程中他又抓住了一切可以自我锻炼的机会，使自己得以不断成长提高。同时，他还是一个善于学习的人，也是一个自律的人，通过学习他的思维方式和心智模式更全面、更系统、更立体，也是通过学习他才有了更加独立的思想。

【案例二】

杨瑞清，江苏省南京市浦口区人，现任南京市浦口区某小学校长。

"我来自农村，看到农村教育还很落后，很多农民的孩子不能上学，不能上好学。陶行知先生'为一大事来，做一大事去'的伟大精神，强烈地感召着我，我决心到最偏僻、最艰苦的地方去办学，为乡村教育的发展贡献自己的青春和力量。"30多年前，杨瑞清向政府提交的分发志愿书中这样写道。30多年来，他坚持践行陶行知教育思想，扎根基层，无怨无悔，探索出一条乡村教育振兴发展道路。他就是浦口区人大常委会委员，区人大代表，行知教育集团总校长杨瑞清。

坚守初心，艰苦创业，改变乡村教育落后面貌

1981年，杨瑞清从南京市晓庄师范学校毕业。面临着毕业分配，杨瑞清选择了一条他人看来"不同寻常"的道路，他毅然决然地放弃了留在城市工作的机会，选择回到了江浦县五里村小学，为乡村教育贡献自己的力量。陶行知先生的光辉榜样指引着杨瑞清，他希望能为改变乡村教育落后面貌贡献一份力量。他内心有个强烈愿望，就是让农民的孩子也能享受最好的教育。

初为人师的他，面对出乎意料的复杂乡村教育环境，不畏艰难，始终秉持着老校长陶行知的爱满天下、手脑并用、小先生制思想，在五里村小学开办了行知实验班，教学面貌获得了显著的改观。这也感动了淳朴的农民，他们拿出农村改革后积攒的第一笔钱，全村集资7万多元建了新校舍。随着校舍的翻建、教学质量的提高，五里村小学有了新面貌。正当他准备再接再厉大干一场的时候，他的人生又面临着第二次选择。1983年，他调任县团委副书记，工作了四个月后，他在从政和从教之间重新选择了从教，后来他也有过提拔和进城的机会，但慎重考虑后都放弃了。他曾说道："选择走行知路，办乡村教育，我早有思想准备。升官？发财？出名？成才？这些词好像这辈子与我无缘了，但我绝不会因此认为我的人生没有价值。我确信，当老师在'做人'上更有优势，因为有那么多学生陪伴我们、监督我们，普通的乡村教师也能创造崇高的生命价值。"

在随后的岁月里，他始终秉承着自己的人生信条，积极投入农村教育，1985年五里村小学正式更名为"行知小学"，他也完成了由普通教师到校长的角色转换。1989年12月，杨瑞清加入中国共产党。那时，学校正处在办学条件简陋、骨干教师不断流失的困境中。有人劝他也调离，他犹豫过，但又不甘心。在磨砺中，杨瑞清在专业上学完了本科课程，为自己增添了无穷力量，在解脱和坚守之间选择了坚守。而加入党组织，是杨瑞清走在行知路上的一个转折点。过去，多少有点儿个人奋斗的意味，也感受到了生命的脆弱、力量的渺小。入党，让他这滴水融入了大海，获得了力量，从此不再犹豫，从此不再迷失方向。

1994年，他和同事抓住机遇，争取到南京市关工委、市中小学生科技活动基金会、市教育局、县政府的支持，创立了行知基地。作为江苏省第一家学生社会实践专用基地、全国成立时间最早的社会实践基地之一，行知基地创办以来已累计接待了近36万师生体验乡村生活，10000多名境外师生浸濡中华文化。

保持民心，发挥代表作用，关心教育发展

"守住内心的宁静，做自己喜欢做的事，立大志，做小事，用10年、20年的时间做小事，把小事做好，做到极致，最终就能成就大事。"谦和儒雅的杨瑞清这样淡定地述说着自己的人生观、价值观。1989 年入党的杨瑞清，称得上是一位老党员，他把自己的人生观和价值观与保持党员的先进性融为了一句话，那就是为群众服务，让群众满意。

学会赏识，探索适合农村孩子的教育方式；学会自信，探索农村教师成长之路；学会联合，探索一条乡村大教育的新路。1991 年，杨瑞清提出"乡村大教育"的办学思想。以幼儿教育为基础环节，以农民学校为延伸环节，以实践基地为开放环节，他开始了乡村大教育的实践。行知小学先后开办了若干个扫盲班、实用技术培训班、20 多个家长学校，组织了 2000 多名农民参观学习，还开办了 10 多个家长学习班，涉及 500 多个家庭、1000 多名年轻父母。数百名"小先生"在老师的指导下，把新事新风、计划生育、环境保护、构建和谐社会等话题从校园带进农户家。

在杨瑞清看来，乡村教师不仅承载着教书育人的职责，还肩负着推动基层教育事业改革发展的历史使命。自 2002 年以来，他连续四届当选浦口区人大代表，同时担任区人大常委会委员，他说："人大代表要自觉接受监督，不断强化自己作为人民公仆的角色意识，不断提高执政能力，保持勤政廉政的作风。"

当选人大代表至今，杨瑞清始终坚守民心，积极履职尽责，发挥代表作用，为全区教育事业贡献智慧。他先后参加过 7 次区人民代表大会和近 40 次区人大常委会。在区人民代表大会上，累计提交了 30 多份关于教育改革与发展方面的建议，每一项建议都受到了区人大常委会和区政府的高度重视并得到了满意答复。杨瑞清提出的《关于贯彻义务教育法，尽快落实以县（区）为主的教育体制改革》的系列建议，在区人大常委会推动下得到了积极落实，浦口区最终完成了由乡镇管理为主上调到以区为主的教育体制改革。他提出的《关于贯彻中央未成年人保护法，加快行知基地建设步伐》的系列建议，也被浦口区政府采纳，区政府在三年内划拨200亩土地、投资1.02亿元，努力助推行知基地建成"全国一流、江苏第一、南京窗口"的青少年社会实践基地，省内相关领导还专程到行知基地视察，高度评价浦口区人大常委会关注并推动行知基地发展，为建设南京教育名城、江苏教育强省做出了新贡献。

2011年，在行知路上走过30年历程的杨瑞清开始思考，如何走好第二个30年的行知路。担任小学校长同时兼管幼儿园和基地使他感到力不从心，经过慎重考虑，他向教育局提交了组建行知教育集团的报告。2015年，教育局正式做出决定，组建行知教育集团，将行知基地设立为差额拨款的独立法人单位，任命了新一任行知小学校长，由杨瑞清出任行知教育集团总校长。

他说："我要尽快实现工作转型，做我更应该做的事情。我更重要的事是要推进新时代陶行知教育思想的新探索，这需要有更专业、更扎实的思考，而不能仅仅凭干劲、感情去做。如果不在这个问题上有所突破，那就是我的失职。"近年来，在他的统筹领导与各成员单位的大力支持下，行知小学占地9亩、建筑面积1800平方米的老校区被设立为"行知教育书院"，"行知教育馆"顺利建成，若干个"行知教育工作室"稳步启动建设流程。

2018年是行知教育第二个一百年实践探索的起始之年，杨瑞清和同事们再次出发。加快行知教育书院建设，将旧校舍进行加固改造，使其完整保留，修旧如旧，焕然一新；布置完善行知教育馆，以宣传改革开放以来行知教育实验的成果。同时，他们还将在国内外积极推广行知项目，希望通过几年的努力，能在全国乃至东南亚国家，建成一批行知教育馆，形成一支行知教育实验骨干队伍，涌现一批行知教育实验家庭、实验班、实验校。

从刘明祥，到余庭玲，再到阮敏……在党组织的关怀和陶行知精神感召下，杨瑞清的行知路上不再只身孤影。他们这个团队，坚持走行知路，不断探索乡村教育规律，从村校联合，到城乡联合，再到国际联合，从一所落后的村办小学，发展成为集一所幼儿园、三所小学、一所初中、一个基地于一体的现代化、国际化的行知教育集团。

杨瑞清越来越认识到，发展乡村教育，关键要发挥校长、教师的主体作用。在城乡对话、中外融合中，杨瑞清不断优化育人理念，既欣赏盛开的"鲜花"，又善待迟开的"花苞"，形成了强调"关怀生命，关注生长，关心生态，关切生机"的行知教育新理念、新特色，开展了行知教育三国论坛、两岸论坛，将行知教育实验逐步推广出去，在国内外产生了广泛影响。

如今，中国特色社会主义进入了新时代，而要实现新时代建设现代化强国的目标，必须首先办好现代化教育。杨瑞清感到，在大力提倡"以人民为中心"的新时代背景下，传承弘扬伟大的人民教育家陶行知先生的教育思想，扎实稳健开展"行知教育实验"，既是义不容辞、当仁不让的责任，也是前所未有、千载难逢的机遇。走进新时代，还将更加精彩！

杨瑞清老师给我们展现了另外一种专家型教师的形象，这是一个更大概念范围上的教育者的形象，而不再是我们头脑中固有的教师角色。他专注于发展乡村教育，践行陶行知先生的教育思想，以推动基层教育事业改革发展为使命。他让我们知道了，原来教师的讲台可以如此广阔。

第三节　新时代专家型教师需要构建新的师生关系

所谓师生关系就是在教育过程中，为完成共同的教育任务，因交往所产生的关系。师生关系在教育活动中不断发展变化着，它对教育任务的完成影响极大。其实师生关系，说到底是师生之间的人际关系，即在教学过程中师生交往的基础上，通过师生相互影响、相互认识、相互间信息交流而形成的人与人之间的关系。师生关系是教育过程中最基本、最重要的人际关系，它的好坏直接影响着教育的效果。

我国一直以来有着尊师重教的传统，历来传授的是"师道尊严"，讲的是"天、地、君、亲、师"。所谓一日为师，终身为父，教师在学生心目中不但有绝对的思想权威，而且是绝对的道德完人。这在很多人看来，倒是天经地义、无可厚非的。但是传统的师生关系过分规范了双方"尊"与"从"的地位，使得教师和学生的关系实际成了一种不平等的关系。在大家的思想观念里，教师是主动者，是支配者，而学生只能是被动者、服从者。

但是现代社会中还要靠师道尊严要求学生绝对地服从已经不太现实，所以新时代要求教师，尤其是教师里的佼佼者，专家型教师要构建新型的师生关系。

一、现代新型的师生关系

（一）民主平等的师生关系

在这种新型的师生关系里，教师与学生的人格是完全平等的，师生是"同一个战壕里的战友"。教师不再是以"师父"的身份居高临下地教导学生，而是以一个引路人的角色来帮助、点拨学生。教师能够"蹲下来和学生说话"，能够设身处地地站在学生的立场上思考问题。在这种新型的师生关系里，教师可以批评学生的种种错误，学生也可以对教师的失误给予指正。只有在这种民主平等的氛围里，学生才能自主自信、自由自在地飞翔。当然，师生关系中的民主平等不是不要教师的尊严，教师的奉献精神理应受到学生的尊重，但教师尊严的获得绝对不能建立在牺牲学生尊严的基础上。教学民主也不是不要各种规章制度，遵守学校管理准则和学生行为规范也是学生必须做的，但这种遵守应当建立在学生积极参与的基础之上。教师只有民主、平等、科学地对待学生，管理学生，学生才能自由、和谐、主动地发展，素质教育的实施才能培养出高素质的、和谐发展的人。

（二）教学相长的师生关系

新型师生关系应是相互影响、平等协作、共同发展。教师的职责现在已经由传递知识向激励学生思考转变。除了他们的教师身份外，他们将成为一位顾问，一位交换意见的参加者，一位帮助发现问题而不是拿出现成真理的人。教育过程的顺利展开，必须是两个主体都有活动的动机、愿望、需要及热情并产生共鸣，那就需要师生双方在双向互动交往中真正能平等协作、相互影响、相互学习、共同发展，真正体现公正、平等的新型师生关系理念。

韩愈在《师说》里说："弟子不必不如师，师不必贤于弟子。"教师可以凭借自己已有的经验引导学生，学生也可以凭借自己的朝气和创造力影响老师。教学不再是师者生硬的灌输，而是智慧的启迪，思维与思维的碰撞，成为师生共同探讨、共同成长、共同经历的一段的美好的时光。

（三）和谐融洽的师生关系

和谐融洽的师生关系充满浓郁的感情色彩。心理学的研究已经表明，当人际关系和谐融洽、人的心情处于愉快轻松的状态时，人的视觉、味觉、嗅觉、听觉和触觉都更灵敏，记忆力会大大增强，想象力也会更加丰富。在这样的状态下，学习效率会大大提高，学习潜力可以得到更大发挥。我国古代哲人对此早有深刻认识，"亲其师、信其道"，即是对师生关系巨大作用的高度概括。同时，良好的师生关系，还可以减轻学生的心理压力，减少学生的心理疾患。由此可见，情感不但是师生关系的润滑剂，也是学生学习活动的催化剂，还是学生心灵世界的支撑点。

心灵之门只能用心灵的钥匙来开启，情感之火只能用情感的火种来点燃。教师只有发自内心地关爱自己的学生，才能换来学生爱的回报。当师生感情融洽、沟通顺畅时，教育事业就能闪烁出动人的生命光彩，教学工作就能收到事半功倍的效果。在这样的情感氛围里，学生学习的主动性、学生的潜能将得到最大程度地发挥，自我教育、自我锻炼将变成美好的现实。正如那句话所说：知识好比种子，教师亲切的态度好比阳光，儿童的心情好比土壤——只有这时的播种，才能使知识的幼苗茁壮成长。

二、新时代新型师生关系的构建

（一）了解和相信学生

有教育家曾经说过："尽可能深入地了解每个孩子的精神世界，是教师和校长的首条金科玉律。"只有了解学生的家庭背景、个性差异、兴趣爱好、心理变化，甚至是发展特点，我们才有与学生相处的基础。教师要公平公正地对待每一位学生。大多数的教师都喜欢听话的孩子、成绩好的孩子，于是在一些事情上会不由自主地生出偏爱之心。但是此时并没有考虑到，"不听话"的孩子和"成绩不好"的孩子内心是怎样的波澜起伏。我们必须意识到，每一个孩子都有可爱之处，作为老师，应该全面地关心和爱护每一个学生，一视同仁，不偏爱，不歧视，尊重学生的人格和自尊心。

教师要激发学生的自信心，有自信才有实力。作为老师要时刻牢记，班上几十个孩子各有各的优点，也各有各的不足，学生不足的地方，恰恰正是需要教师特别关注的地方。对待学生的不足甚至是错误，教师要相信自己的教育，相信自己的学生。以尊重、理解、信任和鼓励的强大精神力量去感化学生、引导学生，给学生自我修正的时间。我们可以有意识地让腼腆的孩子领读课文，代表小组发言，让性格急躁的孩子跟细心的孩子一起办板报，让不爱读课外书的孩子"帮老师"查资料……让学生们在愉快的活动中受到锻炼、增强自信心，变"要我说"为"我要说"，变"我能行？"为"我能行！"。

坚信每个学生都是可以成才的。当前不少家长和教师认为孩子天生是具有破坏性的，和教育要求是对立的，不严厉管教就难以成人。在教育上，多采取强制、灌输、矫正的方式来教育学生以期培养社会所需要的行为特点。实际上，这种教育方式存在着重大的缺陷，也和时代的主体精神相违背。

我们应该提倡用积极的、乐观的眼光和态度来对待学生的天性，树立乐观的人生态度，善意地评估学生的天性和行为表现，多关注学生自我提高和完善内在的需要和倾向，也就是要坚信每个学生都是可以积极成长的，是可以造就的，对教育好每个学生应充满信心。

（二）尊重学生

给学生以尊重，学生才能感受到师生的平等，才能感受到自尊的存在。一旦他们认为失去自尊，他们就会失去向上的动力、精神的支柱并可能由此导致消沉。反之，他们就会获得向上的动力源泉。为此，我们要尊重学生的人格、意愿、隐私等，不要轻易否定学生的行为。

教师要尊重学生的人格。我们所面对的每一个孩子都是独一无二的，无论他字写得好坏，无论他活泼开朗还是沉默寡言，哪怕他考试不及格，他们也都将走向未来，都将居于新世纪发展的核心地位。我们要树立正确的学生观，要让每一个学生在人格上得到最大的尊重。在某个课堂上一位学生回答问题时出现一点儿偏差，老师立刻打断学生的话想予以纠正，但又意识到自己犯了一个错误，于是诚恳地对那个学生说："我打断了你的话，对不起！请你继续说下去！"这个老师的做法，就给大家了一个很好的范例。作为老师应该让学生感受到，在老师心里，学生是和自己一样的人。我们要与学生交心，不妨蹲下来或坐在孩子们当中与他们谈话，而不要让孩子们仰视；不妨耐心听完孩子们那不够流畅甚至答非所问的话，而不去打断他们；不妨像这位老师一样，能在大庭广众之下当面向学生赔礼道歉。这样，学生会学会尊重他人，也会更加尊敬老师，会想向老师学习，从而形成健全的人格。

一棵树上没有完全相同的两片树叶，那么作为活生生的学生，更没有两个相同的个体存在，作为老师，要尊重学生的个体差异。学生来自不同的家庭，有性格的差异、思维的差异、学习习惯的差异等，这些差异必然造成学习方法、学习结果的不同。人终其一生都处于发展过程中，也就意味着没有一个人可以说是完全成熟的，何况作为一名正在成长、尚未成年的学生。在教学实践中，我们不能忽视学生正在成长的特点，罔顾实际去要求学生十全十美，对学生求全责备。要能够理解学生身上存在的不足，要能够允许学生犯错误，对学生要宽容接纳。发展作为一个进步的过程，没有缺陷，没有矛盾，就没有发展的动力和方向，教师就要在这个不断发现问题、解决问题的过程中，充分了解学生的实际，帮助学生改正错误、不断进步，为学生的成长成才保驾护航。

孩子们绝对不是小号的大人，这是作为成人必须走出的误区。孩子们有自己的情感世界，有自己的思维方式，他们有着极强的好奇心，因此教师要保护学生的好奇心。好奇是孩子的天性，是孩子发现问题、思考问题的开端，它反映了孩子对知识的一种渴求。

（三）关爱学生

教师要爱学生，这点在书里我们已经说过多次。教育不能没有爱，没有爱就没有教育，爱是教育的灵魂。只有热爱学生，才能正确对待、宽容学生所犯的失误，才能耐心地去培养每一位学生。苏霍姆林斯基说过："一个好老师意味着什么？首先意味着他热爱孩子，感到跟孩子交往是一种乐趣，相信每个孩子都能成为一个好人，善于跟他们交朋友，关心孩子的快乐和悲伤，了解孩子的心灵，时刻都不忘自己了曾是个孩子。"没有爱就没有教育，教师最可贵的就是拥有一个教育的"爱心"。教师对学生无微不至的关怀，必然会得到学生爱的反馈，因为学生感受了老师的关怀和爱护，产生了愉快的情绪体验，对老师就会更热爱、更信赖。

（四）改变自己

师生关系是对立统一的，教师处于矛盾的主要方面，在运动变化中起着主导作用。因此，构建良好的师生关系关键在于教师。教师首先应该结合自身的工作转变观念，加强自身修养，提高师德素养和教学能力，以高尚的品格和过硬的素质去感染学生、征服学生。很多教师就是具备这些特点，使他们每接触一批新的学生，都会获得学生的一片赞扬。其次，应该做好角色的转换。在素质教育中教师不再是独奏者而应是伴奏者，舞台的中心应该是学生，教师的任务是激发学生学习的兴趣而不是监督学生必须去完成教学任务，更像是学生的摆渡人。教师的角色应由传授者转化为促进者，由管理者转化为引导者，由居高临下转换为与学生平等对话的人，教师要成为学生学习的合作者、引导者和参与者。

教师在师生交往中的特殊地位，决定了对教师人格、品行和教育素质应提出较高的要求，这也是形成良好的师生关系的必要条件。在师生交往活动中，教师处于主导地位，这种特殊的地位势必要求教师在自己的人格及其他教育素质方面对学生具有较大的吸引力和良好的影响力。教师课堂上丰富的知识、生动的教学会深深地吸引学生去主动地获取知识，而教师宽阔的胸怀，积极的心态更会有利于学生健康心理的形成。所以说，教师要不断地加强自身修养，以自己独特的人格魅力教育和影响学生……

第四节　创新的教学方式和灵动的课堂

一、变教教材为用教材教

教材是教育者选择出来供学生进行学习的资料，是教师进行教学的主要依据。教师是否能够灵活运用教材进行教学活动并达到好的教学效果是我们必须要重视的问题。

我们可以发现，善于教学的老师，都是一个会改变课本，调整教材的人，他们绝对不会"照本宣科"。有人说，做好一个"教学工作者"的前提是做好一个"课程工作者"，这既是上一堂好课的秘密，也是成为一个好老师的秘密。

"课程工作者"指的是教师首先要了解教材，了解知识点，确定哪些知识是要在课堂上详细教的，哪些是需要大家课下自己看的，哪些是需要反复强调的，哪些是点到为止就够了的，之后才是考虑具体的教学方法，这就是我们之前说的要把教教材变为用教材教。那么到底该如何做到这一点呢？

（一）深挖教材，不流于表面

要学会用教材，首先要领会教材的编写意图，这样就能对教材设计进行多角度地分析，才可以深入研究教材，才能够挖掘出字面背后的潜在意义，才能变教材为"学材"，才能够做到教有创意，学有新意。

另外深挖教材，要学会寻找教材中的知识点和实际生活的结合之处，要能站在学生的角度去思考问题，培养学生的应用意识。尤其是义务教育阶段的教学，强调教学要联系学生实际，要让学生有知识来源于生活的感受，明白生活处处皆学问的道理，让学生能够在真正的生活情境和活动中习得知识，懂得道理。

专家型教师还应该学会挖掘教材中所蕴含的思想方法，如果说知识本身是教材的明线，那么思想方法就是教材的暗线，这些并不会明确的标注于教材的章节之中，但是只有挖掘出这条暗线，才能真正做到深挖教材，才能在教学计划的编制、教学方法的使用上更加得心应手，才能灵活教学，从思维上启发学生。

总之，掌握了教材中隐含的思想方法，就有可能达到"教者有意，学者无心"的境界，就有可能让学生认识到学科的本质，从而达到教育的真正目的。

（二）多种方式呈现教材内容

如果教师在课堂上，只是把教材搬到了黑板上，那是满足不了学生多样化的学习要求的。教师在课堂上呈现教材知识的时候，要努力把抽象变具体，把静态变动态，把乏味变有趣，在抓住教材思想方法这条暗线的基础上，努力拉近教材与学生和生活之间的距离，让学习体会到学习的过程其实是一个探究发现的过程，让学生在学会知识的同时，也学会获取知识的方法。

使用教材绝不仅仅是读，而是教会，对于专家型教师来说，这是一个创造性的工作。面对同一章节的内容，他们可以根据学生的不同、地点的不同，甚至上课时间的不同，对教材内容进行加工处理，让学生能够主动自由地获取知识，感受学科的内涵，体会知识的价值。

二、创新课堂教学方式

传统的课堂教学模式，基本是老师讲授，学生记忆，只求果，不问因。老师讲完了，学生记住了，一节课的目的就达到了。这就是我们常常批驳传统的教学方式，不利于学生创造性思维发展的原因。

随着新课程改革的推进与实践，新的教育理念深深地扎根广大教育工作者心中。有全新的教学理念，就有全新的课堂教学方式，专家型教师的课堂则更容易让人体会到新的教学方式。新的课堂教学方式，常常是把学生变成了课堂的主角，老师只是一个组织者，他们更重视学生在学习过程中的表现，他们不光紧盯着学业本身，他们会关注学生如何思考，怎样探索，他们避免把培养学生变成培养"考生"。

因此，专家型教师也比较注重评价系统的多元化以及评价内容的多样化，他们更倾向于关注学生创新精神和实践能力的培养，他们关注学生的心理素质，激发学生的学习兴趣，他们时刻清醒地牢记教育的初心是培养高素质的人才。他们通过课堂教会学生如何进行研究性学习，教会学生如何使用恰当的方法获取直接经验，而不只是听取并记住别人告之的间接经验。

因此，专家型教师在教学中，会努力引导学生主动实践探索，会不断改变教学方式，给学生们在课堂上留下充裕的自由讨论和自主探索的时间和空间。让学生在个性得到发挥的同时，学会学习、学会合作、学会创新。下面我们看一位一线教师，对于课堂教学方式创新的感悟。

【案例】

1. 在情景中体验，在体验中构建

创设美丽的活动情境，可以诱发学生的好奇心，激发学生的学习积极性，鼓励学生大胆尝试和体验，丰富学生的想象力，引导学生，营造学生切身体验的氛围。提出问题，引发学生思考。当学生百思不得其解时，教师再点明课题，这种情境的创设，诱发性不言而喻。

课堂教学要剔去烦琐的教学程序，重视学生的感悟和训练学生的思维。学生生活在一定的社会环境中，他们的感悟，与自身的生活环境和生活体验有着密不可分的关系。如教学古诗《石灰吟》一文时，学生朗读了古诗，先让学生读读石灰的特点？学生概括为"千锤万击""烈火焚烧""粉身碎骨""要留清白"。然而让学生讨论在中国历史上具有石灰特点的人？学生分别举了变法英雄谭嗣同，抗日英雄杨靖宇、赵一曼，还有我们熟悉的英雄刘胡兰、江雪琴，他们都是为祖国的解放和独立献身的英雄。在老师的引导下，学生感悟到象征英雄的事物：红梅、青松……这些事物的共同特征是不畏风雨，不怕牺牲，处逆境而不屈服。短短的四句诗，学生感悟了石灰特点，类比人物、类比物体、类比事物特点。互动的课堂，学生的体验，形成这样一个知识框架。对课堂动态生成的教育资源进行挖掘，在学生心灵中构建了一个全新的知识结构。

直观教学、通过演示，学生可以零距离地体验，如我教"圆的周长"一节，先让学生用一个圆在一定长度的物体上滚一圈，再测量圆的半径。然后引导学生理解周长的概念，悟出求周长的公式。在教学中，教师提示性地点拨，用心良苦地演示，使学生的思维如水墨画般缓缓散开。

2. 教学目标呈现明确，让互动的课堂散发异彩

著名教育家叶圣陶先生说过："教材无非是个例子，凭借这个例子教学生掌握这个工具，形成良好的学习习惯，达到不需要教的目的。"这一段精辟的论述，阐述了教者、学者、教材之间的辩证关系。既然教材只是受教育者使用的一个蓝本，那么教者在实施教学的过程中，首先必须呈现明确的学习目标，这些学习目标的锁定，是教者根据教材、教学情境、教学对象等整合教学资源，去粗取精，从杂乱的知识点、能力点中提取的一节课或某一课的学习目标，它具有多元性、科学性的特点。教师呈现出的教学目标，能良好地让求知者凝聚思考的目光，咀嚼知识的要义，让"疑难问题"的飓风，卷过学生平静的心海，形成生生互动、合作探索的课堂局面。

为深化课改，现在学校全体教师正探究践行小学课堂教学新的方式结构。即创景导入（以激发学生的求知欲为目的，以结合授课内容为前提，采用讲故事、猜谜语、做游戏、听音乐、看图画等多种形式创设情景导入新课。），主动阅读（学生带着前面创设情景时留下的悬念，饱含寻求答案的激情去主动阅读课文。），呈现目标（教师让学生谈阅读后的收获和不懂的问题，然后教师有选择性地按顺序将学生提出的涉及本节课教学目标的问题进行板书。对学生提出的不涉及本课教学目标的问题，教师用简短的话语给予答复，对学生没有提及的本课教学目标，教师可用商讨的口吻以问题的形式提出。），生生互动（围绕已呈现的目标，教师组织学生互动探讨解答。），师生互动（对学生互动探讨仍

解答不出的学习目标，教师可用商讨的口吻发表自己的见解。），课堂小结（靠近学困生，让他们针对呈现的目标谈对本节课学习后的收获，然后让成绩优秀的学生进行有针对性的帮辅小结。），品读欣赏（文科），当堂训练（围绕目标，分层设题，拓展延伸。）。这一宏观粗略的教学模式，崇尚"以人为本"，感悟创新的教育宗旨，提倡师生互动，生生互动的原则，贯穿了"以学生为主体"，教师转换角色的课改理念。这种教学模式，一堂课自始至终围绕着"师生、生生互动"来完成。

过去的一堂课，要求的是"安静"，老师的讲解，偶尔几个学生的争论及全班学生掌声的点缀，把课堂衬托得完美。如今的课改，是真改，是师生平等，相互探究，相互交流，从心灵的碰撞中达成共识，共同获取真知的过程，如一语文教师教小学一年级，提出了"春天，冰雪融化成了什么？"小学生议论纷纷，可以是流水，可以是花朵，也可是杨柳、小草、绿色……这是一个没有标准答案的问题，它只有通过生生互动才能完成，而不是教师的自说自话。生生互动，师生互动时，小学生奇妙的想象，审美的情趣，不同生活经验的结合，让多维目标的情景得以落实，这种互动的学习方式的构建，有力地促进了课堂教学效率"质"的提高，学生创新思维的发展，并非旧课堂中的"热闹"罢了。

3. 创新课堂教学方式应注重巧妙的课堂应变，抓住课堂教学关键

课堂应变是教师在教学过程中面对千变万化的教学情景，迅速、灵活、准确地做出判断处理，保持课堂平衡的能力。巧妙的课堂应变是课堂上一道亮丽的风景线。巧妙的课堂应变有这样几种表现形式。

（1）因势利导，随机应变

我在教学《海底世界》一文时，让某学生读第三节，由于读课文的同学胆小害羞声音特小，引发了同学们的一片笑声，以致这名学生尴尬难堪。我马上制止了同学们的讥笑，发表自己的观点说："我认为这名同学读得特别好！"我的话引发了全班同学一片疑惑惊愕的眼神。我接着说："这名同学对课文的理解很深，已将自己朗读的感情融入课文之中，我为什么这样说呢？请同学们拿出笔，画出这一段中的低声细语这一个词，然后结合课文说说它的意思。"接下来的效果可想而知，既缓解了这名同学的尴尬难堪，树立了他的自信心，又让全班同学加深了对课文内容的理解。

（2）眼神暗示，动作质疑

在教《荔枝》一文时，老师提问，荔枝生长在什么地方？你品尝过吗？这时学生能够很容易回答，但是有的学生开始说说笑笑，议论自己吃荔枝的体会，与主题无关。这时教师以眼神暗示学生并走到跟前摸摸学生的头，点他发言，巧妙地纠正了学生思考过程中的偏差。

（3）借机发挥，化解尴尬

教师常常会布置家庭作业，有一次大多数同学不能完成，要是批评则会打击一大片，势必会激发师生之间的矛盾。这时，教师心生一计，让没完成作业的同学，写一篇题为《我尝到了贪玩的苦头》的作文，老师声明并非惩罚，交者评奖，结果佳作不少。

（4）巧妙纠错，缓解窘态

再优秀的教师也有失误的时候，如板书失误，语言失误等，这时老师就很尴尬，处理不好，会给学生留下谈论的话柄。有一次，我在黑板上写"啰唆"一词，结果写成了"哆嗦"，有学生当即指出。

老师又心生一计，让一名学生改这个错别字，巧妙纠错，既显得老师虚心，又加深了学生印象。

巧妙的课堂应变一般在突发、始料未及之中，教师的应变能力就在于把不利于课堂教学的因素转化成有利因素，从而服务于课堂教学工作，它既是教师的高明之处，也是保证课堂教学效率的关键。

俗话说："教无定法，贵要得法。"课堂教学是一种创造性的劳动，创造是教学活动的生命力。只要能激发学生的学习兴趣，提高学生的学习积极性，有助于学生思维能力的培养，有利于所学知识的掌握和运用，都是好的教学方式。

很明显可以看出，专家型教师能够把教与学统一起来，能够把教师讲授和学生钻研结合起来，能够激发学生的学习兴趣和学习欲望，能够调动全体学生参与到课堂学习过程之中，能够做到把"教"的过程渗透到"学"的过程之中，让学生通过"学"能够参与到教师"教"的过程之中。

三、进行灵动的课堂设计

要说专家型教师和普通老师在课堂设计上最大的不同，可能就是专家型教师想到更多的是育人而不是教书。他们关注点更多地放在如何引导学生学，如何让学生想学、爱学、能学。他们更多地抛给学生问题，让学生去探索、去解决、去应用，然后又能从中发现新的问题，继而再解决问题，达到学习水平的螺旋式上升。

他们的教案肯定不是抄出来只为应付检查，他们的教案都是经过他们精心设计的智慧结晶。他们从学生的学出发，考虑教师该如何教，进而考虑该怎么准备，然后考虑课堂上可能会发生什么，如何应对，等等。下面让我们来看一个教学设计案例。

【案例】

《故乡》语文优秀教学设计案例

教材分析

这篇小说，深刻反映了当时中国的社会生活，所以学习这篇文章要从历史和社会演变方面入手，进而加强对主题的理解。

设计思想

课文不过是教会学生学习的例子，阅读教学不能仅满足于让学生读懂具体的课文，而应该着眼于训练学生的思维，教给学生阅读的方法，提高学生的语文素养。

本教案从营造轻松、平等、自由的交流氛围入手，引导学生自主阅读、整体感知，反馈展示、讨论交流，合作探究、分析形象，品味语言、体会感情，理解朗读、积累词语，回顾过程、交流收获，在本文的导读过程中，训练学生的思维，培养学习习惯，教授学生阅读小说的方法。

教学目标

1. 理清小说结构层次，感悟作者情感脉络及探求人生道路的强烈愿望。

2. 分析本文通过对比写法塑造的人物形象，领会小说所表现的主题思想。

3. 品味课文的抒情意味的语言，摘抄积累词语、句子和精彩语段。

4. 在本文阅读过程中，训练学生的思维，养成良好的习惯，教会学生阅读方法。

教学重点

1. 理解课文运用对比写法表现小说的主题思想。

2. 品味小说语言，领悟作者探求人生道路的强烈愿望。

教学难点

领会小说所表现的主题思想。

课时安排

两教时。

教学内容和步骤

1．导入新课，检查预习

教师导入：同学们喜欢不喜欢读小说？能说说你们是怎样读小说的吗？这节课我们就来学习鲁迅创作于1921年的一篇小说《故乡》，通过这篇小说的阅读，探讨阅读小说的方法。

学生交流预习情况：

（1）读各自圈注的生字词，交流自学生字词情况。

（2）介绍小说创作背景，说说作者及《故乡》创作情况。鲁迅1898年第一次离开老家绍兴，1919年12月最后一次回故乡，接母亲到北京居住。《故乡》便是根据这一段生活经历创作出来的。小说中写的人和事是有事实依据的，但又经过了艺术加工，有虚构的成分。作品中的"我"身上有作者的影子，而"我"又不等于就是作者本人。

小说写的是1919年的事，它所反映的却是辛亥革命后十年间中国农村社会的情况。辛亥革命虽然推翻了清王朝的统治，但中国人民仍处在黑暗社会中。当时，帝国主义加紧对我国进行军事、经济、文化侵略，加上国内军阀混战不休，地主阶级对农民的残酷剥削，使得广大农民陷入生存困境。作者回乡期间，耳闻目睹了故乡的衰败景象和农民的贫困生活，加之在这个风雨飘摇的社会求索了30余年的生活经验，于是写出了悲凉、沉郁的《故乡》。

2．自主阅读，整体感知

（1）想一想，小说的叙事线索是什么？理清小说的结构层次。

（2）根据你对课文内容的感受，在原题目《故乡》前加上定语。（课件展示）

3. 反馈展示，讨论交流

（1）讨论课文的叙述线索和小说的结构层次。

学生发言讨论后明确：小说以"我"回故乡的见闻和感受为线索展开故事情节，按时间顺序，全文分成三个部分：第一部分（1~5段），写的是故乡的萧条景象和"我"的复杂心情，交代了"我"回故乡的目的；第二部分（6~77段），写"我"在故乡的所见、所闻、所忆、所感，重点写了闰土的变化；第三部分（78~88段），写"我"离开故乡时的种种感触，表达"我"追求新生活的执著信念。

（2）学生展示各自在题目《故乡》前所加上的定语并引用文本信息阐释理由。

4. 合作探究，分析形象

（1）作者在本文中都写了哪些人呢？本篇小说的主人公是谁？

明确：本文写的人物有闰土、杨二嫂、母亲、水生、宏儿和"我"；闰土就是本文的主要人物，"我"是本文的线索人物。

（2）小说是怎样来描写闰土这个人物的？从哪些方面去对比？请细读课文，搜集信息。（学生完成，课件展示）

对比内容：

外貌：少年闰土十一二岁，紫色圆脸，头戴小毡帽，颈上套一个银项圈，有一双红活圆实的手。中年闰土脸色灰黄，有很深的皱纹，眼睛周围肿得通红，手又粗又笨而且开裂，像是松树皮。

动作、语态：少年闰土活泼刚健，动作干脆利落，说话脱口而出，质朴、生动。中年闰土有智有勇，热情、纯真。

4个省略号（5处对话）说明闰土心里有说不尽、道不明的苦处。说话前的神态是欢喜—凄凉—恭敬，说话吞吞吐吐、断断续续，谦恭而又含糊，显得迟钝麻木。说话后的神态是"只是摇头，脸上虽然刻着许多皱纹，却全然不动，仿佛石像一般"。

9个省略号（5处对话）说明闰土心里有无穷无尽稀奇的事，说也说不完。对"我"的态度：少年闰土"只是不怕我，不到半日，我们便熟识了"，送我贝壳和鸟毛，告诉我很多稀奇的事。对"我"友好、热情，和"我"建立了纯真的友情。中年闰土恭敬地叫"老爷"，让水生"给老爷磕头"，认为少年时的"哥弟称呼"是"不懂事"，不成"规矩"。和"我"之间隔了一层可悲的厚障壁。

生活态度：少年闰土天真活泼、对生活充满热情和希望。中年闰土拣了"一副香炉和烛台"。将希望寄托于神灵。

（3）我们可以看出少年闰土是怎样的形象？中年闰土又是一个什么样的形象？是什么原因使一个天真活泼，对生活充满热情和希望的小英雄变成了麻木迷信的木偶人呢？（课件展示）

讨论并归纳：少年闰土，天真活泼、无忧无虑，懂得很多生活知识，简直是个小英雄。中年闰土，变成了满脸愁苦，麻木、迷信的木偶人。"多子，饥荒，苛税，兵，匪，官，绅，都苦得他像一个木偶人了。"是封建统治的压迫，使闰土发生了这么大的变化。

（4）"我"对闰土的态度前后有什么不同？为什么？闰土这个形象表现什么样的主题？（课件展示闰土命运研究）

明确：当年，"我"因闰土心里有无穷无尽稀奇的事而羡慕不已。现在，"我"为闰土与我之间的不了解和隔膜感到悲哀，使"我"与闰土之间的关系变得冷漠。闰土这个形象揭露了封建思想、封建等级观念对群众精神上的压抑和毒害。

（5）既然闰土的变化已经反映了封建思想、封建等级观念对

人们精神上的压抑和毒害，作者为什么还要花那么多的笔墨来写杨二嫂呢？（课件展示人物杨二嫂命运研究）

讨论并归纳：其实这也是一种对比手法，小说以杨二嫂的自私、尖刻、贪婪、势利来对比衬托闰土的淳朴诚实，从更广泛意义上展示人与人关系的隔膜，深入揭露封建社会传统观念对他们精神的毒害，造成人们纯真的人性被扭曲。作者塑造这两个人物形象，真切地抒发了对现实社会的不满，希望拥有新生活的炽热感情。

（6）课文从哪些方面去描写杨二嫂？表现她什么样的性格特征？

通过肖像、语言、神态、动作的细节描写，表现了杨二嫂的自私、尖刻、贪婪、势利的性格。

5. 品味语言，体会感情，齐读第三部分课文，品味、领悟小说语言的含义

（1）同学们对这部分课文，感受最深的是哪些语句？为什么？（让学生从内容和语言方面谈个人感受。）

（2）从文中看，"我"是一个怎么样的人？（课件展示"我"的命运研究）

文中的"我"是一个有作者影子，具有进步思想，同情、热爱劳动人民的知识分子形象。

（3）面对回故乡的所见所闻，这位同情、热爱劳动人民的具有进步思想的知识分子当时有什么样的感受？"我只觉得我四面有着不见的高墙，将我隔成孤身，使我非常气闷"中的"高墙"指的是什么？

讨论并归纳：指在封建思想、等级观念的毒害下，人与人之间的冷淡、隔膜。

（4）"他们应该有新的生活，为我们所未经生活过的"中的

"新的生活"是指什么样的生活？

讨论并归纳：自由、平等、幸福的生活。

（5）"我想到希望，忽然害怕起来"，为什么会"害怕"？

讨论并归纳：因为鲁迅当时还是个进化论者，这种自由、平等、幸福的新生活只是"我"的理想，但怎么实现，"我"无法回答，所以想到希望能否实现，自然便害怕起来。

（6）为什么说"他的愿望切近，我的愿望茫远罢了"？

讨论并归纳：闰土的愿望只是希望眼前能过上幸福生活，所以说"切近"。我的愿望是普天下的人都过上自由、平等、幸福的生活，"我"的愿望能否实现还是未知数，所以茫远。

（7）课文再次出现海边奇异的图画，表现了什么？（课件展示）

讨论并归纳：海边奇异的图画是"我"对美好希望的想象和憧憬。

（8）"希望是本无所谓有，无所谓无的。这正如地上的路：其实地上本没有路，走的人多了，也便成了路。"这句话有什么深刻含义？

讨论并归纳：作者把希望比作地上的路。这句话告诉人们，只有美好的愿望而不去探索实践，希望必然落空，等于没有；虽然实现希望困难重重，但只要去探索实践，希望才有实现的可能。

6. 理解朗读，积累词语

老师告诉过大家这么一句话："学理如建楼，学文如堆沙。"学习语文，强调的是在文本阅读过程中，要注意积累词语、格言警句和精彩语段，丰富自己的词汇，为今后更好地读写打基础。随后请同学们拿出词语作业本，摘抄本文中你喜欢的词、句、段，然后全班交流。

（1）学生自由朗读课文全文，摘抄文中的词语、句子、段落。

（2）让学生读一读各自摘抄的词语、句子、段落。

7. 回顾过程，交流收获

（1）《故乡》这篇小说，我们已经学习完了，通过本文的阅读，同学们有什么感受和收获？请同学自由谈谈？

（2）同学们都采用了什么方法来学习《故乡》？我们是按怎样的步骤来学习课文的？请同学们回顾一下本文的过程。

引导学生回顾《故乡》的学习过程，归纳阅读小说的方法：感知小说内容，分析人物形象，品味感悟语言，摘抄积累语词。引导学生举一反三，将这种方法运用到今后的小说阅读中去，反复训练，形成能力。

8. 拓展训练，布置作业

课外选读鲁迅先生的两篇作品并给鲁迅先生写一封信，谈谈对他的作品、思想、生活经历、人生哲学等方面的理解和感悟。

这个教案秉承了其设计思想"课文不过是教会学生学习的例子，阅读教学不能仅满足于让学生读懂具体的课文，而应该着眼于训练学生的思维，教给学生阅读的方法，提高学生的语文素养。"通过自主阅读、讨论交流、自主探究等多种形式让学生通过对《故乡》的学习达到语文素养提高的目的。

第五节　新时代专家型教师需要具备鲜明的个人魅力

现在的学生群体是已经成长起来的00后，他们从小就能熟练使用移动互联网工具，见闻和视野早就超越了他们同时期的前辈。

手游、动漫、玄幻文学、独特词汇在00后群体中广为流行。每个孩子几乎都能找到适合自己的文化体验形式或娱乐方式。00后的爱好，不仅仅表现在喜欢文化产品上，还表现在他们的技能上。00后的父母非常重视对孩子特长的培养，乐器、舞蹈、绘画、设计、编程、体育项目……对于不少00后而言，这些都是必备的技能。

学生优秀，自然对老师也就提出了更高的要求，他们更认可哪位老师，就更愿意向哪位老师学习，正所谓《礼记·学记》里说的"安其学而亲其师，乐其友而信其道"。因此，专家型教师要有鲜明的人格魅力，这样才能吸引这帮精力充沛、活力四射、眼界开阔的学生。

那么教师应该从哪些方面来提升自己的魅力呢？有着"江南才子"美誉的袁卫星认为，一个有魅力的教师应当"以渊博的知识培养人，以科学的方法引导人，以完善的人格唤醒人，以优雅的气质影响人"。所以要成为一个专家型教师，不妨从以下三个方面入手，修炼提高自己的个人魅力。

一、提升个人道德素养

教师的道德素养可以概括为爱岗敬业、无私奉献，也表现为诚信、公正和廉洁。一个真正有魅力的教师总是能尊重每一位学生，不能够对学生冷嘲热讽，更不能辱骂、殴打。人们常说，尊重是相互的，要想别人尊重你，你首先得尊重别人。要是只想靠师道尊严几个字，就想得到学生的尊重，并没有那么容易。

有的老师为了管理学生，总以居高临下的姿态和命令式的语气对待学生，结果造成学生与老师的隔阂，对老师的恐惧和敷衍，对老师的不信任。这种现象在我们的教育实践中并不少见。其实，我们应该深刻地反思自己的教育方式，是否把学生当作了独立的、与教师平等的个体，作为老师是否给了学生同样的尊重。

一个有道德魅力的教师应该平等公正地对待所有的学生，无论他们是学优生还是学困生，是乖巧的还是顽劣的。在教学过程中不免会出现偏心的现象，一个成绩优秀的学生和一个不及格的差生打架，在老师的心中可能就"理所应当"地认为是差生找事，影响成绩优秀的学生学习，接下来就是对差生的职责训斥，甚至是冷嘲热讽，成绩优秀的学生无形中可能受到了包庇。而差生却因此被误会、被嘲笑，就会不喜欢老师，也越来越不喜欢学习。这个反面例子告诉我们，老师一定要公平地对待每一位学生。

教师的道德魅力也表现为从善如流，勇于改过。教师在教育教学活动中也难免会犯错误，真正有人格魅力的教师不会文过饰非，他会向学生诚恳地承认错误，就像上文中提到的当堂给学生道歉的教师一样。教师敢于直面自己的过错不仅不会损害自己的形象，还会更加展现教师的人格魅力，达到良好的教育效果。

一个有道德魅力的教师还要能够以身作则，严于律己。作为老师，我们一直要求学生不迟到、不早退、上课时间不能做任何扰乱秩序的行为，可作为教师的我们做到了吗？你是不是按时到校，是不是在上课铃响之前进入教室，课堂45分钟是不是都在教室没有擅自离开，有没有接打电话影响孩子们上课。如果违背了教师的道德，就算你每天扯着嗓子教育学生也是枉然，因为身教往往胜于言传。

二、学识魅力的修炼

一名优秀的教师必须具备渊博的知识和扎实的基本功，学高为师，身正为范，学生之所以崇拜老师，除去尊敬老师的高尚人格外，还在于他们能从老师那里获取知识、提升能力、得到指点、受到启迪。特别是在实施新课程的背景下，一个没有深厚而广博学识的教师是不可能胜任教书育人工作的，更不可能有魅力。

教师要充分展示个人的学识魅力，让学生喜欢甚至崇拜自己，就必须要精心准备每堂课，必须树立终身学习的决心，要能够做到博览群书，不断补充自己的知识，使自己的思想如潺潺流水，永不枯竭。这样才能上好每一节课，教好每一个学生。

一个有魅力的教师应该是站在学科专业知识前沿的人，他们熟练地掌握学科的知识体系，了解最新的学术动态。同时，还能够不断突破自我，扩大知识面，提高学术水平。如果教师仅停留在所教学科已有的知识层面上，没有创新精神和创新能力，那就只能扮演"传话筒"的角色，只能培养出思维迟钝、思想贫乏的学生，这样的学生是不能适应现代社会生活和未来社会要求的。因此，一个好教师的学科专业知识总是处于不断积累的状态。除了学科专业知识以外，一个有魅力的教师还必须具备多方面的知识储备，具有广泛的兴趣爱好。事实证明，现代学生喜欢的教师，绝不是那种古板、单调的教师，而是那些兴趣广泛、多才多艺的教师，这样的教师会像磁石一样把学生吸引住，成为学生效仿的榜样。

三、形象魅力的修炼

教师的仪表风度、言谈举止、姿态表情等给人的印象，即教师的外在形象，是一名教师道德修养、文化素养、审美情趣、精神面貌的外在显现。教师的形象魅力可从以下三个方面加以注意。

（一）仪容仪表要注意

教师的仪表整洁要求教师做到发常理、面常净。上课之前，不妨照照镜子，看看头发是否整齐、脸上是否干净。要知道，也许我们一个小小的疏忽大意会导致课堂上的尴尬或一节课的失败。教师要注重着装。老舍先生说过："真正美丽的人是不多施脂粉，不乱穿衣服的。"教师的穿戴更要如此，要体现出"清水出芙蓉，天然去雕饰"的职业美。当然，这并不是说教师的穿戴越朴素越好，关键是怎样穿戴才合适，怎样才能做到协调和谐、得体入时。穿戴既要端庄得体，不能显得穷酸潦倒、不修边幅，也不能浓妆艳抹、一味追求时髦。

（二）行为举止要得体

作为老师应该时刻牢记，你站在以你为典范的孩子们面前。为人师表是人们形容教师最常用的四个字，为人师表就是要求教师在日常生活中，特别是在学校里要严于律己，以身作则，以自己的一举一动去感染学生，教育学生。学生对教师特有的期望和依赖，往往使他们在观察教师时产生一种放大效应，教师的一个小小的善举，会使他们感到无比的欣喜；教师的一点儿小小的瑕疵，则会使他们产生莫大的失望。教师的一举一动都处在最严格的监督之下。有人说过："世界上没有什么能比孩子们的眼睛更加精细、更加敏锐的了。"教师工作有强烈的典范性，为人师表是教师的美德。教师只有以身作则，才能起到人格感召的作用，培养出言行一致的人。

教师对学生的影响是任何教科书、任何道德箴言、任何惩罚和奖励制度都不能代替的一种教育力量。教师以自身为榜样教育学生，让学生把教师当作一面镜子，可以从中认识到什么是善、什么是恶，什么是美、什么是丑，什么是高尚、什么是卑劣，什么是应当做的、什么是不应当做的，教师用身教来印证平日的言教，这对学生来说才最具说服力和感染力，才能更有力地推动着学生在人格塑造中由知向行转变。

（三）语言要美

教师的语言美，尤其是口头语言美，首先体现在语音标准，能说一口流利的普通话。现在我国对教育普通话的要求是，普通话水平等级考试应达到二级甲等以上；其次是懂得一些用嗓子发音的常识，会一些用气发声、吐字归音的方法，发出来的声音能够洪亮圆润，清晰流畅。最后一点也是最为重要的是，教师应能根据不同的需要和不同的情境，组织恰当的言语内容，去打动学生的理智和心灵，或循循善诱，或幽默风趣，或以理服人，或以情感人，充分体现出教师的教育机智。教师最好能够学会使用幽默的语言，幽默能使课堂氛围和谐融洽，使学生学习能够化难为易，使师生之间能够达到心灵的沟通。

现代社会是一个交际广泛，交往频繁的信息化社会，可以毫不夸张地说，口语表达能力是一个人安身立命的重要技能。对于教师而言，口语表达能力显得尤为重要。教师的工作就是"言传身教"，通过与学生的对话达到教育教学的目的。从教师的语言中能充分展示教师的师德修养、学识才华和人格品位。

新时代的教师形象应该富有时代的朝气。这种朝气，集中体现了当代教师更懂得美，更善于追求美，更能体现美。一个具有良好风度的教师对学生有着强烈的吸引力和感染力，会更易受到学生的喜爱。整洁、得体、典雅、美观的着装，也是完成教育任务的需要。教师站在学生面前亮相，通过自己形象的示范，对学生进行美的熏陶。外在美和内在美的和谐统一，是作为教师自我形象塑造应该追求的理想目标。

综上所述，教师的个人魅力在促进学生学习的同时，对学生的个性、人格的塑造都有潜移默化的影响。所以作为教师，一定要在自己道德、学识修养不断提高的基础上，同时注重个人魅力的提升。

四、具备强烈的社会责任感

现在的学生都具有较强的自我意识，但是据《中国青年报》

与腾讯 QQ 联合发布的《00 后画像报告》的调查显示：00 后对传统美德和主流价值观高度认同，他们有着较强的社会责任意识。由此可见，一个具备较强的社会责任感的老师才会赢得他们的尊重。给大家讲这样一个案例。

【案例】

谭千秋老师，生前系东方汽轮机厂所属东汽中学学生工作处主任，四川省特级教师。2008 年 5 月 12 日，四川汶川发生地震，当时正在上课的谭千秋迅速组织同学们向楼下疏散。当他得知有几个同学还没有离开时，他立即返回教室。危急时刻他奋不顾身扑了上去，用双臂将 4 名高二（1）班的学生紧紧地掩护在身下。5 月 13 日晚上，当人们从废墟中将他的遗体找出来时，他的双臂还是张开的，趴在讲台上。他被追授全国抗震救灾优秀共产党员，抗震救灾英雄等荣誉称号。

地动山摇，他弓着身子，张开双臂紧紧地趴在课桌上，伴着雷鸣般的响声，砖瓦、灰尘纷纷坠落到他的头上、手上、背上，热血顿时喷涌而出。他咬着牙，拼命地撑住课桌，如同一只护卫小鸡的母鸡，他的身下蜷伏着四个幸存的学生，而他张开守护翅膀的身躯定格为永恒。2008 年 5 月 13 日 22 时 12 分，当搜救人员从四川省德阳市汉旺镇东汽中学教学楼坍塌的废墟中搬走压在他身上最后一块水泥板时，所有抢险人员都落泪了。"我们发现他的时候，他双臂张开着趴在课桌上，后脑被楼板砸得深凹下去，血肉模糊，他用身体死死地护着四个学生，四个学生都还活着。"第一个发现谭老师的救援人员眼含热泪，他说，"谭老师誓死护卫学生的形象，是他这一生永远忘不掉的。""地震时，眼看教室要倒，谭千秋老师飞身扑到了我们的身上。"回忆当时的情景，获救的学生神情仍然紧张。

他用自己51岁的宝贵生命诠释了爱与责任的师德灵魂，被原湖南省委书记张春贤誉为"英雄不死，精神千秋"。谭千秋热心社会公益事业，村里修路、建校，他都捐了款。他对学生非常关心，哪怕是操场上有一颗小石子，他都要捡开，怕学生玩耍的时候摔倒。哪位学生有困难，他都会尽力相助；学生没吃饭，他会把学生叫到自己家里做饭给学生吃；学生身体不舒服，他会掏钱带学生去医院看病，被同事们誉为"最疼爱学生的人"。他经常教育弟弟妹妹要乐于助人，在他的熏陶下，弟弟妹妹总是去帮助别人，妹妹和妹夫曾一年资助了五个贫困孩子上学。他的人格魅力还深深地影响了下一代，他的大女儿以优异的成绩考上了北京大学法学院，她说一定要用法律为众多弱势者讨回公道。

谭千秋经常教育学生的一句话就是："做人最重要的是要有社会责任感。"这样的老师，肯定能够赢得学生的尊敬，肯定能教出合格的社会主义事业的接班人。

像谭千秋这样的老师，自然能够得到学生乃至全社会的尊重和热爱，因此要成为一名专家型教师，要得到学生的尊重和爱戴，必须具备强烈的社会责任感。

第四章

专家型教师的成长之"道"

古语说："以道御术，内圣外王。"老子《道德经》也讲道："道生一，一生二，二生三，三生万物。"老子所说的"道"，是宇宙的本原和普遍规律，是法则，是认识历史的规律。本书所说的专家型教师的成长之"道"，即要从"战略"上介绍如何从一名新手教师成长为专家型教师。

第一节 专业知识奠定专家型教师成长之基

一、什么是教师的专业知识

教师的专业知识是教师专业素养最基本的构成部分，对教师知识的研究开始于 20 世纪 70 年代，舒尔曼分别在 1986 年和 1987 年对教师专业知识进行了分类。他指出，若将教师知识编辑成一本小手册或是一本百科全书，又或是以其他很多形式排列有序的知识读本，那应该怎么命名这个知识类别呢？那么，它至少应该包含如下七种知识。

（一）内容知识

内容知识在这里主要指学科内容知识，包括详细具体的事实、原理、概念、规则以及原则等，还包括实体知识和句法知识。实体知识如学科内的范式，而句法知识则主要指学科内容之间的内在联系。

（二）一般教学法知识

一般教学法知识主要指那些超越或存在于各具体学科之上的、有关课堂的管理及教学组织形式的宽泛的原则以及策略等，例如教学大纲的拟定、班级的管理等。主要包括怎样能更有效地激发学生的学习动机，应该采用什么方法及策略，如何设计与实施测验等与之相关的知识。总之，一般教学法知识是指那些能够适用于各个具体学科教与学的原则及技能。

（三）课程知识

课程知识指教师对教学媒介、所教教材以及所教课程的教学计划的熟练掌握。事实上，课程知识是教师对教学材料独特而深刻的理解。具体包含教师所教课程的理论、教材、教师用书和手册以及必要的实验指导等相关的内容知识。

（四）学科教学知识

学科教学知识主要指一种适用于教师关于自己所教学科的专门的教学知识，是学科内容知识与一般教学法知识这二者的特殊融合物。它是教师根据自己所教内容对学生施教的一种特殊知识，比如教师为更好地让学生理解自己所讲授的内容而经常使用的举例、诠释、类比、示范、图解等教学方法。通俗来讲，这方面的知识就是教师针对不同类型的知识，而采取的与之相应的不同的教学方法。针对某一部分特定的知识内容，教师应该采取哪种教学方式才会取得更好的教学效果。这与学科教学内容知识以及一般性的教学法知识都有密切关系，但是既不是学科内容知识本身的内容，也不是直接把一般教学法知识完全套用到教学中的知识。

（五）关于学习者及其个性特点的知识

这类知识主要是关于教师所教学生各自身心发展状况，以及各自不同个性差异方面的各类知识。例如学生的年龄、性别、性格、气质、爱好、内在外在的需要以及他们的优缺点等都属于学生具有的独特个性。每个学生都是具有独立思想和个性的个体。此外，教师关于所教学生学习过程方面的知识，可能是建立在学习理论之上，也可能是建立在教师本人以前的经验积累之上。

（六）关于教育背景的知识

这类知识主要包括学生所在的诸如教室、校园、学校以及社区等学习环境以及所在活动小组、班级、年级的活动情况，家庭、社区与所在地域的文化特点的一种知识。

（七）关于教育目的、目标、价值等的知识

这类知识主要是关于教育目的、教育目标、教育价值以及和教育有关的哲学和历史背景方面的基础知识，即把教育哲学、教育学、心理学、历史学等社会学内容聚合在一起的知识，此类知识有助于指导教师更为顺利地开展教学活动。

舒尔曼特别指出，在他的这七种教师知识类别中，学科教学知识应该引起人们的特别关注，因为学科教学知识指出了在教学知识中最特殊的部分，它是指教师把自己所教学科内容方面的知识与一般教学法知识进行巧妙融合后，对特定的课题、主题、问题、难题或是论点进行更好地分析、研究以适应不同性格、爱好及能力的学习者，而做出调整的知识。教师最后能很好地对这些知识进行有效的理解，从而将对这些知识有效的学习方式呈现给学生。

舒尔曼还指出，能将学科内容方面的研究专家与学校专业的教师相区分的知识类别便是学科教学知识。为什么这类知识能使人们将该领域的研究者与负责讲授这些知识的人明确地区别开呢？他认为，因为历史学家和历史教师二者可能对第一手原始文献诠释历史的作用有着同样的理解，然而要想知道学生对第一手原始文本理解的程度，我们就只能问历史教师。同样，科学家和科学教师二者可能对于光合作用的认识十分相似，但是如果想知道孩子们有可能产生的对光合作用的错误理解，我们也只能在科学教师那里寻求答案。由此我们可以知道，不是说一个优秀的教师就能够教给学生任何知识，而且教师也不是只要拥有学科知识就足以完成教学任务。

后来，也有许多学者对教师的知识类别提出了自己的研究观点。如埃尔贝兹提出了教师知识的五种分类：关于自我的知识，关于教学环境的知识，学科知识，课程发展知识以及教学知识。德里尔将教师专业知识分成一般教学知识，对学生学习与理解的知识，学科与媒介的知识，关于目标知识和关于教学策略知识等。

在国内，较权威的研究成果是林崇德、申继亮等人提出的把教师专业知识分为三个方面，即教师的本体性知识，实践性知识和条件性知识。教师的本体性知识是指教师所具有的特定的学科知识，如语文知识、数学知识等，这是人们所普遍熟知的一种教师专业知识。教师的实践性知识是指教师为实现有目的的行为所具有的课堂情景知识以及与之相关的知识。更具体地说，这种知识是教师教学经验的积累。教师的教学不同于研究人员的科研活动，它具有明显的情景性。教师条件性知识是教师所具有的教育学、心理学等教育科学知识。教师通过这些知识将自身所具有的本体性知识以一定的方式传授给学生，同时能够进行教学反思，从而达到教学效果的提高。

二、提高教师专业知识的路径

教师的专业知识该如何获得并不断得到积累呢？教师的学习是个体主动构建知识体系的过程。在这个过程中，教师积极主动地进行探索。尤其是对于专家型教师的成长来说，他们专业知识的获得基本是他们通过积极主动地学习、探索、研究、反思实现的。接下来我们将从四个方面提供一些提高教师专业知识水平的路径选择。

（一）锻炼解读、重构、呈现教材的能力

教材是最基本的课程资源，教师对教材的解读程度直接决定了课堂教学的效果。解读教材需要遵从"整体入手、抓住关键、循序渐进、独立思考"的原则，根据研读课标、浏览学科、通读学段、粗读全册、细读单元、精读课时的方式进行。

解读教材的顺序可以是"解读情境，读提示语，读结论备注，解读练习、读教参资料"。解读每节课的教材，就要在课标精神和单元主题的指导下，在把握了学科、学段、全册、单元教材的基础上进行精读。要做到精读教材，一要解读教材的显性知识，明确教材的教学内容；二要解读教材的隐性知识，挖掘教材的教育功能；三要解读教学要点、知识结构和知识特点，实现有效的教学选择；四要解读知识的内涵和外延，保证意义建构的科学性；五要解读出教材中课标要求的具体体现。

下面我们以一位一线教师的亲身经历为例，看他是如何进行教材解读的。

【案例】

1. 研究课标，了然于胸

很多时候，教师只关注教材内容中的知识点，而忽略其在课程标准各学段中的要求，忽略其在整体知识体系中的地位和作用。这样容易造成传授知识的"越位"或"缺位"。因此要求我们熟悉课程标准的要求。因为课程标准对各个知识板块的教学目标以及教学建议进行了非常精确的阐释，是教师进行教学活动的指路明灯，教师在备课之前必须认真地理解课程标准，为自己即将开展的教学活动找到正确的航向。在新学期，我总是仔细地阅读《语文课程标准》，熟悉各学年段的目标要求，分析教材，强化新课程理念，确定本学段在识字写字、阅读、口语交际、写作诸方面的总目标；熟悉自己所用教材的编写意图和体例，清楚各年级段的内容，对所教知识在整个知识体系中的相互性有一个整体把握，做到既不"越位"，也不"缺位"；针对不同的课程类型，再确立每一堂课的教学目标和教学重点、难点，力求为教学找出更简单、更有实效的突破口，从而消除教学中的障碍。总之，教师只有对单元教材、整个学段教材、整个学期教材进行系统地把握，从整体到部分解读教材，构建知识架构，对教材的各部分胸有成竹，才能在课堂上游刃有余、有的放矢，引导学生编织一张全面的、立体的、可持续发展的知识网。

2. 自主研读，把握教材

于永正老师说过："最好的备课是感悟好课文。"语文教学要围绕语文教材进行，要感悟好文本。但是，我们很多教师要求学生读书而自己不读书，要求学生独立思考而自己不思考，更不要说独立思考了。我们缺乏自主研读教材的习惯，我们已经养成了依赖：备课时总是手拿教学用书等参考资料抄写一通，上网搜寻各种教案设计，更不要说优化和整合了，可谓舍本逐末。

小学语文的选文文质兼美，所以教材拿来后，首先教师要自己读，要不断地大声朗读。"书读百遍，其义自见"，教师要及时批注自己的理解、感悟，不要先入为主，不要进入各类备课资料的思维定势；要努力挖掘教材内涵，自主确立教学目标、重点、难点，针对教材特点与学生实际选取恰当的教学方法。

特别要强调的是，我们应遵循由整体到部分再回归整体的顺序来备课，即先把握单元教材，再把握一篇文章或一节教材，最后再回归单元主题进行总结。

例如，我们使用的北师大版教材是按照主题单元的形式来编排的。在准备五年级上册第一单元"祖国山河"时，我先明确单元的主题，了解编者围绕这一主题是如何选材和编排的：有徐蔚南的散文《看海》，唐代杜甫的古诗《江畔独步寻花》和宋代王安石的《书湖阴先生壁》；有方纪的散文《三峡之秋》，按照时间顺序介绍了雄奇壮丽的三峡秋色；而《游漓江》的作者独辟蹊径，着重描绘漓江两岸独特而神奇的山峰。通览本单元教材后，画出单元知识树，包括作者、体裁、主要内容、写作目的、写作手法等，注意把本单元的课时和活动进行整体安排。接下来，要整体把握一篇文章或一节教材，明确这篇文章在整个单元中所处的位置，编者为什么要选入这篇文章，如果换一篇文章行不行？这篇文章的学习重点是什么，不能眉毛胡子一把抓。

自主研读教材，是必不可少的一个环节。只有这样，教师才能站在学生的角度思考问题，明白学生思维偏差的原因；只有这样，才能提升教师把握教材、整合教材的能力；只有这样，才能充分发挥教师的创造力，让不同的读者读出不同的"哈姆雷特"。

3. 查阅资料，补充完善

在安排学生预习时，通常有一项任务：查阅相关的资料。其实，让学生了解学习内容，我们教师更应查阅资料。这样我们能指导学生选择适合的内容，在交流时心中有数，补充完善。例如在学习《卖火柴的小女孩》时，让学生了解安徒生的生平及《安徒生童话》；学习《冬阳·童年·骆驼队》时，让学生了解林海音、《城南旧事》及历史背景等。

每接触一篇课文，可以问问自己：我已经了解了什么，还有哪些需要了解？学习《长城》时，我查阅多种资料，了解了长城的起止点、关口、构筑方法、历史、各朝贡献及现今作用等；了解关于长城的故事、传说、诗句等；收集古遗迹的对联，体会对仗的工整。自己知识丰富了，教学时感觉轻松了，与学生聊的话题多了，也激发了他们探究的热情。教学时总会遇到疑难点、困惑处，我可以观看名师课例，揣摩其中的原因；可以翻阅不同的备课资料，反复比较，选择适合学生的教法，补充完善自己的教学设计。

4. 同伴互助，扬长避短

在研读教材时，来自同伴的帮助也很重要。我们可以一起解读教材，一起讨论某个问题，一起商定教学步骤。学校的教研活动就为我们提供了互相学习、借鉴甚至反思的机会。每学期，我们同年级语文组的老师互相听课、教研。一位老师在说课《自然之道》时，设计了这样的学习提示：幼龟是如何遇难的？文中哪些场面使你感到震惊？作者是怎样描写的？请学生默读，抓关键词句，做批注。听后大家认为这些问题没有突出重点，不能有梯度地引领学生一步一步理解课文。接着通过讨论，认为应从课题"大自然的秘密"入手，设计了以下问题：文中讲了大自然的什么秘密？人们知道这个秘密吗？人们是怎么做的？带来了怎样的结果？画出有关的语句。你从中明白了什么？这些问题设计帮助学生很好地理解了文章的主要内容，突出了文章的重点。大家都感慨集思广益好处多。

5. 课后反思，精益求精

可能大家都有同感：上完一节课，总有这样那样的遗憾，想弥补又无机会；一节课中临场发挥超过预期，心中暗喜；某位学生的精彩发言让我们难以忘怀……那么，课后反思是最好的补充和延续。

我们可以记下成功之举：将教学中临时应变得当的措施，设计新颖的板书，教学方法上的改革与创新等，详略得当地记录下来，供以后教学时参考使用，还可在此基础上不断地改进、完善、推陈出新。

我们可以记下失败之处：主要问题的设计没能起到"牵一发

而动全身"的作用，课堂衔接不自然、不巧妙之处，课堂教学中的疏漏失误之处等，对它们进行回顾、梳理并对其做深刻地反思、探究和剖析，使之成为以后教学时应吸取的教训。

我们可以记下生成性问题：教师的教学机智，学生出乎意料的反应，抑或是学生独到的见解，却因我们思维定式而忽视……这些"智慧的火花"常常是不期而至的，若不及时利用课后反思去捕捉，便会因时过境迁而烟消云散，令人遗憾不已。及时记下这些得失并进行必要的归类与取舍，这样可以精益求精，把自己的教学水平提高到一个新的境界和高度。

苏霍姆林斯基曾经说过："一个有学识的、善于思考的、有经验的教师，他并不需要花很长的时间去准备明天的课，他直接花在备课上的时间是很少的。但他确实一生都在为上好一节课而准备着。"所以想成为一个优秀的专家型教师，要从备课开始，从解读教材开始，不厌其烦，终其一生为上好一节课而准备着。

（二）要有全面、深入了解学生的能力

为什么说教师一生备一门课，那是因为时代不断变化，知识不断更迭，学生也在不断改变。只有全面并深入地了解学生才能找准教育和教学真正的切入点。教师敏锐的观察力是洞察学生内心世界、掌握学生心理活动特点的前提条件，是教师必备的基本教育能力。

在进行新知识教学前，教师要了解学生对本节课的内容已经掌握了多少，即学生已有的基础知识或生活经验；要了解学生已经具备的相关能力；学生的学习兴趣和学习习惯等。

在教学中教师要眼观六路，耳听八方，从学生的面部表情、语言交流、动作行为上了解掌握学生的思想动向和学习信息，以调整教学思路和教学行为；在课后要关注学生的信息反馈，对教学进行适当地调整和补充。作为教师，要时刻牢记教学是以学定教，根据学生的需求，顺着学生的思路走。另外，课后教师还应该通过学生的言谈举止了解学生的思想动向，从而有针对性地进行教学活动，把一切不良意识消灭在萌芽状态中。

下面是一些一线教师的谈话，从中我们可窥一斑。

老师 A：在工作过程中，我逐渐感受到，教育过程不仅是传授知识的过程。作为一名教师，不能仅以完成教学任务为己任，因为教学任务是老师依据教学大纲或课程标准制订的，而每个学生对教育的需求并不一致，教育也不能让不同的学生变成同样的人。为此，我在后来备课时，不再事先严格确定教学目标，而只是大致确定教学目标，然后在课堂上根据学生的情况不断调整教学目标，努力做到"以学定教"。

老师 B：在念大学的时候，教育学老师在上课时曾经强调过"以学定教"这句话，让我们在未来的教育教学过程中，以学生的具体实际来最终确定教什么，怎么教及教到什么程度。我那时尽管熟记了这句话且看似也理解了，但是参加工作的前几年，我却基本上没有把这句话当回事，在教育教学实践中根本没有做到"以学定教"。其主要原因在于，刚参加工作的头几年，我一直处于"教教材"的境界，总是围绕教材开展工作，生怕教材内容没有讲透，生怕教学任务完不成，总担心学生的考试分数不高。不过，随着自己的阅历逐渐增长，尤其是在新课改之后，我的观念逐渐发生了变化，真正领悟了"以学定教"的含义，发现教师真的不能只对学生"教教材"，而应该立足学生发展的角度"用教材教学生"。

老师 C：当教师的前几年，我总担心因自己的知识积累不够，经验不丰富，能力不足而影响了正常的教育教学工作，以为只要自己拥有了海量的知识、丰富的经验、过硬的能力就一定能把学生教好，学生一定就会满意。可是，尽管自己投入了很多精力，且自我感觉无论是知识层面、经验层面还是能力层面都有了明显的改善，但课堂氛围还是不够好，教学成效也不够好。到底是什么原因呢？后来我慢慢发现，如果学生觉得教师讲的东西对他目前或将来没有价值，即使教师讲得再好，学生参与程度也不会高。只有立足学生的需要开展教育教学，学生参与程度才会高，教育教学成效也才会好。

老师 D：教学是教师与学生以教学内容进行互动和交流的活动。教师教的目的是让学生更好地学，也就是说，教学的根本目的是为了促进学生的发展而不是为了学生获得一个高分数。尽管这些话我在书刊上看到过，也听专家多次讲到过，但在我入职的前几年它却很难指导我的教学实践。工作多年后，我不仅真正内化了这句话，而且在实践中尽可能去践行这句话。比如，有的时候，我课前本来拟定好了教学任务，但上课过程中发现学生跟不上我上课的节奏时，我会抛开事先设计的教学任务，一边探寻学生跟不上节奏的原因，一边进行复习引导。

老师 E："学生是教师存在的前提，没有学生的发展就没有教师的发展"，这是我在入职培训期间一位专家做报告时讲的一句话。这句话起初并没有对我起到明显作用，但多年之后，我对这句话的感触加深了。入职之初，我备课时局限于教材和教学大纲，不是担心没有吃透教材，就是担心没有吃透教学大纲，因此习惯以教材内容和教学大纲来确定教学任务和教学内容，几乎没有立足学生的发展需要而设定教学任务和教学内容。上课时局限于教学任务和教学内容，不是担心既定的教学任务没有达成，就是担心既定的教学内容没有讲完，几乎没有考虑学生听课时的感受。多年后，通过不断反思自己在教学过程中存在的问题，我才真正认同了这句话。为此，我在之后备课时通常会认真想一想学生的知识水平、理解水平、性格特点、发展实际，尽可能让事先的教学内容符合学生发展的实际，满足学生发展的需要；在上课时，我会时刻关注学生听课的表情，思考学生互动的实际，分析学生答问的内容，尽可能让学生在课堂上活跃起来，让他们成为课堂的主人，让他们成为自己发展的主宰者。

老师 F：教学具有生成性，教师心中应有生成性的教学目标和生成性的教学内容这两个概念。在教学的过程中，根据课堂实际，尤其是学生发展的实际，及时调整教学目标及相应的教学内容。不过，要做到这一点相对困难，只有那些具有丰富的教学经验并能将相应的先进教学理念运用于教学实践的教师才能真正做到。

（三）要苦练教学基本功

一位好的老师，基本功是必需的。

首先，教师要有良好的语言表达能力。教师的语言修养，在很大程度上决定着学生在课堂上脑力劳动的频率。语言表达是一切教育工作者必备的主要能力。教师的教学语言素养综合地反映着教师的整体素质，它对教师的教学效率、效果具有决定性作用。所以养成良好的教学语言素养应成为每一个教师的自觉追求。

教师将标准的普通话作为教学语言，把丰富的科学知识、人文素养通过语言传递给学生。为此，教师就要从教学语言的基本要求出发，不断提高自己的语言素养。在授课过程中能够注意发音准确，吐字清晰，声音洪亮，能够关注到停顿、重音、语调、节奏等表达技巧，努力使自己的课堂语言准确、严密、规范、优美。

其次，教师还要有恰当的体态语言。课堂是面对面的交流，有研究表明，信息的传递有三种形式，分别是言语、声音和面部表情。在这三种信息传递形式中，言语信号占7%，声音信号占38%，面部表情信号占55%。从这些统计中，我们足以看出体态语言的在教学中所起到的"此处无声胜有声"的重要作用。当然体态语言的应用，要根据教学内容的需要和口头语言配合使用，同时要遵循师生共意，少而精，稳定性，灵活性，审美性等教学原则，不能过于夸张，也不能过多而致喧宾夺主。

再次，教师要练就高超精美的板书语言。高超精美的教学板书是打开学生智慧之门的钥匙，是教师教学风格的凝练和浓缩。它在教学过程中引领着学生的思维，展示着本堂课的重要知识点以及知识结构，帮助学生更新思维模式，构建认知结构并进行自我构建。同时，优美的板书有助于提高学生学习的积极性。虽然现在电子课件在教学中占据了主体地位，但是如果能有令人震撼的、漂亮的板书进行重点、难点的提示和讲解，那么肯定会为教学活动增色不少。

【案例】

9时35分，天津大学23教学楼504教室，伴随着下课的铃声，自动化学院的肖亮老师放下粉笔，结束了又一节《电力电子技术》基础课。整整四大块黑板的板书，不仅工整而且图文并茂，简直就是艺术品。面对肖亮老师的"艺术作品"，接下来在该教室上课的其他学院的同学都舍不得擦。肖亮老师的黑板板书曾被天大同学传到网上并盛赞其是"中国好板书"。

前一日8时45分，位于天津大学第23教学楼504阶梯教室内，该校自动化学院60余名大三学生正在上专业基础课《电力电子技术》。讲台上，53 岁的肖亮老师已经写了两块多黑板的教学内容，这堂课讲的主要是电路方面的内容，电路图、曲线图……各种图形、文字在肖老师的粉笔下好似都被赋予了能量，格外工整好看，肖老师还特意用黄、红、绿、紫色的粉笔区分不同的重点，便于同学们理解。他时而背身在黑板上疾书，时而与同学们互动。整整两节课下来，课堂上没有一位同学睡觉。

下课后，坐在第一排的"学霸"孙鹏同学告诉记者，"复习的时候只要看课堂笔记就行了，看了肖老师的板书之后就不用再看书了。"

"老师站在讲台上就像个演员，如果没有互动，就什么彩儿都没有了。"肖老师说，"我并不排斥用多媒体教学，反而觉得一些课用 PPT 效果会更好。以前讲这门课，我也用过 PPT，但是效果不好，和学生互动不起来。"肖老师解释说，用 PPT，学生记笔记的时间就没了，没有反应和理解知识点的过程，还是板书教学效果最好，而且这门课不太适合用 PPT，因为要体现"形成过程"。肖老师直言，尽管自己上课很认真，但并不介意同学在课堂上睡觉、玩手机或者背单词。"有同学自学能力比较强，不一定非要听我的课。但大部分学生还是需要听讲解才能更好地吸收知识。"

学生喜欢"板书老师"。"特别帅！"肖老师的课结束后，建工学院大二的学生走进教室准备上下一节课，看到肖老师的板书惊呆了，"现在写板书的老师少，写这么好的没见过，那图简直不像徒手画上去的。"刘志昊同学说："我还是喜欢老师写板书，记笔记方便，而且跟着老师记笔记知识好消化。"

尽管没有听过肖老师的课，但刘志昊说："能写这样板书的老师，讲课一定非常好。"

尽管肖老师的板书被同学们传到网络上被赞为"中国好板书"，但肖老师却直言，自己的课结课考试不好过，挂科率也有点儿高。在他曾经任职的太原理工大学，他的课因为挂科率高被同学们私下封为"四大杀手之首"。尽管有20多年的本科教学经历，肖老师上课最严厉，但课下也和同学们关系最好，现在他的手机微信里还有以往好多届学生的微信群，经常互动联系。

最后，要熟练使用多媒体教学工具。教师要会运用现代化的教育技术手段，在教学中通过多媒体教学增大教学容量，能让课堂更加生动，更有趣味，从而更加有效果，但同时也应该注意，在应用多媒体进行教学时，不管多媒体教学设备有多先进，也只能起到辅助作用，不能代替教师的主导作用和学生的主体作用。

（四）提高教育诊断能力和获取新信息的能力

教育诊断是教师运用教育诊断和心理诊断的技术与方法对学生的发展状况及存在的问题进行分析、评价并提出解决问题方案的过程。

一个合格的教师应该练就一双"火眼金睛"，在任何时候，任何情况下都能洞悉学生的情况，这样才能准确了解、把握学生的思想脉搏，便于制订应对措施，从而更好地进行教育教学工作。

教师只有具备了这一能力，才能对学习、生活、交往等方面有困难的学生提供有效帮助，使他们健康发展。同样，当今社会早已进入信息社会，教师如果缺乏获取新信息的能力，就不可能成为一名合格的教师。

以上所有能力，无不是在不断锻炼和学习的过程中练就的，因此终身学习是成长为一名专家型教师的必经路径，学习要成为教师生活中不可缺少的一个重要组成部分。正如著名教育家陶行知所说的："唯有学而不厌的先生，才能教出学而不厌的学生。"

第二节　实践探索助力专家型教师成长之路

一个人如果不从事旨在改善自己行为的研究，就不可能成长。进行探索研究的实践，就成了助力教师成长的一个重要方法。对于教师来说，知识的获得绝不能只是靠着标准化的学习得到，要敢于质疑，勇于发现，通过自己不断地实践探索，寻求解决问题的方法和路径。因此，教师的发展成长之路是通过不断地研究探索，使各方面能力得以不断提高的过程。

一、不断探索实践，追逐成长之路

教学本来就是一个不断实践的过程，绝不是空泛的纸上谈兵，一个教案编得再好，不经过实践的检验，也难说这就是一个好的教学计划。反之，没有丰富的教学实践，也很难编制出优秀的教案，更别提在课堂上收放自如，游刃有余，也就更谈不到自我成长了。下面我们通过一些优秀教师的案例，来看看一个专家型教师是如何在不断的探索实践中成长的。

【案例一】

张国，北京汇文中学物理教师，北京市教育系统最高荣誉奖北京市人民教师及首都劳动奖章获得者，全国模范教师，北京市特级教师，市级学科带头人，市级优秀教师，曾担任北京市青年联合会第七届委员会委员。2012年被评为东城区杰出教师。

作为一名教师，张国把物理教学带入了一个独具特色的快乐天地。他认为，要学好物理，首先要培养学生对物理学习的兴趣。张国老师培养兴趣的诀窍可以归结为一个"玩"字。在深入把握学生青春期心理特点的基础上，张国将课堂教学与生活联系在一起，把日常生活中见怪不怪的现象引入课堂并用物理学的概念加以解释，有效激发了学生的好奇心，把学生对生活趣味的追求转移到课堂上来，学生认识到学习物理是有用的，物理与自己息息相关，学习的兴趣和积极性自然而然就被调动起来。张国老师的"玩"，还体现在将所有触手可及的物品都拿来作实验道具，使其成为教学中的神来之笔。当走出教科书，与学生身边可触可感的小物件联系在一起，就不再是抽象的概念和公式，而真正成为一种有用的知识，一种经验的积累。

学生普遍反映，听张老师的物理课是种享受，总觉得时间过得特别快。这是因为张老师讲授知识逻辑清晰、语言精练、生动形象、深入浅出，符合学生的语言模式，使得他们可以在快乐的情绪中感受科学之趣、物理之美。他注重对学生分析问题、解决问题，特别是收集、分析、加工、整理信息能力的培养。张老师注重激发每个学生的思维潜能，大胆尝试新颖活泼的教学方式，鼓励学生走上讲台，讲述自己在物理学习中的感悟、心得，新颖活泼的教学方式深受学生的欢迎。

在物理教学中，张国不断地反思、改进、创新。他从 2000 年开始进行计算机技术与物理教学整合的研究；他利用校内局域网进行物理网络课程教学的尝试，实现了师生互动，生生互动，人机互动；他设计的电学实验课，使仿真实验与常规实验达到完美结合，拓展了将信息技术运用于物理教学的广阔空间；他率先把最新一代的传感器技术引入物理课堂教学……

在承担繁重教学工作的同时，张国老师作为国家级"十五"教科研规划重点课题《信息技术与物理课程整合》和《信息社会条件下学与教方式的开发和应用研究》研究课题组成员，坚持参与教科研活动。学术研究拓宽了他的视野，使他的知识底蕴日益丰厚，教学水平不断提升，为他成长为专家型教师打下了坚实的基础。

张国老师充分发挥自己的榜样和带动作用。作为教研组组长，他带领全组教师积极开展校本教研，在组内形成了浓厚的教学研究氛围；他去教育欠发达的贫困地区支教讲学，为当地培养师资队伍，传授先进的教学理念和教学方法；他担任昌平、房山两个远郊区的物理学科指导教师，每年去那里为师生举办讲座；他成立"张国特级教师工作室"，培养带动更多的年轻人共同成长。

【案例二】

孙维刚，生前系全国著名数学特级教师，中国数学会理事，全国人大代表，是北京市首批有突出贡献专家，国家奥林匹克数学首批高级教练。曾被评为建国50年来50位首都楷模之一，北京市十大杰出教师，北京市模范班主任，全国十佳师德标兵，全国十佳职业道德标兵，全国先进工作者等多项荣誉。

孙维刚从1980年开始进行了从初一到高三的三轮班、六年一循环教学教育改革实验，第一轮、第二轮、第三轮实验班的学生，高考成绩一届比一届出色。第一轮班，除1人外，高考全部上线；第二轮班，40人中的15人考入清华、北大；第三轮班，40人中的22人升入清华、北大。更重要的是，实验班的学生升入大学后，有相当数量的学生当了班干部，拿到了奖学金；绝大多数继续攻读了硕士、博士。但这些学生在升入初中时的成绩大都考不上重点校，经过孙维刚6年的培养，不论是在大学里，还是毕业后走上工作岗位，都全面发展、备受称赞。

他先后出版了《全班55%怎样考上北大、清华》《我的三轮教育教学实验》《孙维刚数学》等专著；1992年，孙维刚执教的北京22中高三（4）班，高考平均分达534分，全班40人中有15被清华、北京录取；在1996~1997年度全国数学联赛中，全班共14人获奖；1997年高考，全班40名同学平均分为558.67分，数学平均分为117分，38人达到全国重点大学录取线，600分以上的9人，22人考入清华、北大。但在当年升入中学时，这个班2/3的学生，成绩均低于区重点中学的录取分数线。

关于数学教学，孙维刚说："八方联系，浑然一体，漫江碧透，鱼翔浅底。"孙维刚的教学方法被称为"结构教学法"，讲究新知识和旧知识的比较和联系。他从不担心学生的脑子够不够使，比如教三角形内角和定理的证明时，课本上只是延长三角形底边并做出一边的平行线引导学生做出证明，而孙维刚则是把问题交给学生，让学生猜想三角形内角和是多少，再让学生提出自己的证明思路。几种证法出来后，孙维刚再问"那么多边形内角和是多少"，学生回答并把几种证法写在黑板上，孙维刚做总结。这就是数学归纳法的思想，数学归纳法本是高二才接触的东西，可是求三角形内角和的初一学生就知道了，跟着孙老师学下去脑子就会"强大"起来。

一个初一的学生问他的数学老师："您在课上讲，有理数是整数和分数的总称，有理就是有道理的意思，我不明白整数和分数有什么道理呢？"老师回答："这是数学上的规定，没有什么。"这一问一答被孙维刚听到了，他为学生旺盛的求知欲而欣喜，也为老师轻率的回答而遗憾，甚至感到了残酷。几经如此，求知的火花将熄灭，孩子们将会懒于思考。孙维刚说："科学上的任何规定都有为什么，数学尤其如此，世界上就没有'没有为什么'的事。"

有一位同事曾满腹委屈地跟孙维刚说："这点儿东西（指教学内容）掰开揉碎给他们（指学生）讲了8遍，可一考试，48人有47人照错不误，这些学生可怎么教？而人家重点中学的学生，你怎么教，他怎么会，你不教，他也会。"孙维刚说："应当承认，学生的聪明程度是有差别的，有的老师曾找来重点中学的练习题与作业连夜复印出来，第二天布置给学生。重点中学讲什么，怎么讲，照搬过来，这套办法当然行不通。因为你的学生不可能很好地完成作业，这么做永远赶不上重点中学的学生。根本的办法在于提高学生的智力素质，让不聪明的学生变聪明，让聪明的学生更聪明。"第一轮实验班上到初二结束时，不少学生的数学考试成绩不及格，但孙维刚的教学实验并没有因此止步。等到这个班初三毕业参加中考时，数学平均分达到了94.47。

曾经有位叫蔡冰冰的学生因为平常学习成绩很好，近期上课时有点儿无所适从，所以来跟孙维刚聊一聊怎么学习。孙维刚说："我上高中时听数学课，有一次忽然觉得老师在讲以前讲过的东西，我就掐大腿，结果还真疼。这说明，我不是在梦里，老师的确在重复以前的知识。这种感觉在以后的课堂听讲时经常出现，而且频率越来越高，为什么？实际上是许多知识都是互相联系的，比如高中时要学的余弦定理，你就应该明白勾股定理就是余弦定理的一个特例，找到新旧知识的联系，那么数学就变得简单多了。"那次谈话之后，孙维刚和蔡冰冰约定，谈话内容不要向别的同学透露，这或许是怕别的同学误以为孙维刚在鼓励"上课走神"吧，但蔡冰冰的成绩却使他反思起"听课"的效率——听讲要专心，专心的标准是什么？精神集中，不走神。孙维刚觉得这不是一个理想的回答，只把精神集中到老师的讲授内容上，很可能是跟在老师的后面亦步亦趋，处于被动状态。他建议，一个例题提出来了，自己先试着分析解出它。甚至在学习进程中自己设想，该提出什么命题了，该定义什么概念了，让思维跑在老师的前面。如果达不到大幅度的超前，也要设想正在说着的这句话的下句是什么。

从1987年开始，孙维刚就不再给学生留家庭作业了，而这时的第二实验班，数学成绩却相当惊人。1989年，全国初中数学联赛，北京赛区二等奖共15名，这个班占了12名，中考数学平均成绩96分（满分100分），高考平均102分（满分120分）。他相信，让同学们掌握的东西越多，学生的思维能力就会越强，而讲课越碎越重复，学生思维受到的限制就越多。

孙维刚说："人们喜欢说，这是一个多元的时代，做人没有唯一的标准。但我认为，还是应该有最高标准，比如正派、诚实、无私。"家长们都很信赖孙老师。1983年，孙维刚给他的实验班立下了班规：不许留长头发，不许穿皮鞋，不许唱庸俗的流行歌曲，男女生不许轻浮地说笑，不开生日晚会，不寄贺年卡片。这套班规是怎么出台的？那一年，北京22中一位物理老师跟孙维刚聊天，提醒孙维刚注意，那些中考成绩前几名的学生在22中上完高中后，考大学时却名落孙山，为什么？因为他们相对优秀，更容易引起异性同学的好感，更容易分散注意力。孙维刚这套班规一出台，就流传到附近的多所中学，在不少学生的印象中，孙维刚堪称"凶神恶煞"。但10余年来，这套班规却被孙维刚的学生遵守着，更有不少家长正因为这种严厉，才更愿意把孩子交给孙维刚。1991年，学生桑丽芸的母亲把孩子送到孙维刚的初一新班时说："我宁可孩子将来是个笨蛋，也不能让她成个混蛋。"让这位母亲自豪的是，她的女儿桑丽芸后来就读于北京大学生命科学系。"宁可孩子是个笨蛋，也不能让他成个混蛋"这句话曾被孙维刚多次在家长会上引述。学生温世强的父亲还保留着1994年1月12日的家长会记录——孙老师："一如既往，我们要坚持品德第一，学习第二；脑子第一，学分第二。"学生张悦的父亲说："孙老师班里的学生跟别的孩子不一样，他们懂礼貌，知道向收发室的大爷和电梯工问好，家长会服务时站得笔直，双手接物，毕恭毕敬。学校劳动，图书馆搬书，都愿意找这个班的学生，因为他们干活儿认真。我们这些家长也都是在50年代、60年代成长起来的，对那个时代中一些美好的东西非常留恋。在孩子上中学的这6年里，孙老师就是我们和孩子谈论最多的话题——孙老师怎么样了？孙老师说什么了？等等。"孙老师说什么了呢？他给学生讲《钢铁是怎样炼成的》，讲《普通一兵》，讲"活着，是为了他人的幸福"。在一次数学讲座之后，他给学生们布置的作业是：今天回家，向爸爸妈妈问一声好。

第三轮实验班的建班方针是：第一，诚实，正派，正直；第二，树立远大的理想和宏伟的抱负，争取为人民做出较大贡献；第三，做一个有丰富情感的人。1997年8月，这个班的学生毕业之后，孙维刚曾这样谈论他的高三（1）班："快乐幸福的标准因人而异。对于我们班的学生来说，他们的理想是成为划时代的科学家，他们应考虑更大的问题，比如国家、人民。他们的幸福快乐就是刻苦学习，磨炼自己，奉献于他人。这阶段的成功就在于获得高水平的思维能力和卓越的品格修养。"

1998年4月27日，孙维刚住进了肿瘤医院接受了第8次手术，这次是直肠癌，前7次是膀胱癌。30多位学生家长日夜轮流陪床护理，直到孙维刚6月1日出院。这些家长都还记得，7年前，当他们把学生送来时，孙老师被查出患有膀胱癌，他对学生家长说："我一定要好好活下去，活6年就行，一定要把他们送进大学。我要让一半的学生考上清华、北大。"一位学生家长回忆说："那一年，孙老师患膀胱癌，手术治疗不去协和医院，要去北京六院，因为六院离22中近。他住在高层，上课间操时，孩子们经常看见孙老师站在窗口。"很难说是孙维刚的情感还是孙维刚的班规在无形中约束着他的学生。每个中学都强调纪律和秩序，但布鞋、短发、不谈恋爱所标榜的价值观正被普遍地漠视。孙维刚说："作为一名中学老师，面对流俗，我是无能为力的，我无法左右社会上的大气候，但可以构建自己的小气候。"

臧鹏远是孙维刚第四轮实验班的学生，后来他接到了北大的保送通知书。这个实验班孙维刚只带了一年半，但全班25名学生，在2004年全国高中数学、物理、化学、生物四大学科竞赛中，有9名获一等奖，9名获二等奖，鹏远还是北京科技创新大赛上的5名市长奖获得者之一。

李红曾是孙维刚实验班的学生，后来她也是母校22中的数学教师，而且她所带的班也是"孙维刚数学实验班"。不但在22中，在上海、山东、山西等地，都有一些教师在自发地研究着孙维刚的教育思想，实践着他的教学方法，还先后建立了一些孙维刚数学实验班、实验校和实验中心。随着研究的深入，人们越发体会到孙维刚教育思想所具有的巨大价值，他所开辟的是一条高效的全面育人的途径。

孙维刚的学生吴山说："开学那天，我才知道，对于学生来说有比学习更重要的事情，那就是品德的培养。"学生王一说："许多人知道孙老师书教得好，但不知道孙老师将更多的心血花在了指导学生的人生方向和完善学生的健康人格上。"

孙维刚曾经说："班主任工作应摆在第几位？第一重要的就是班主任。"他认为，在学校德育的诸多环节中，班主任最关键，发挥的作用最大。正因如此，孙维刚当教师40年，兼教过地理、历史、物理等学科，唯一没有间断的是教数学和当班主任。有人说，当班主任不就是抓学生学习吗？孙维刚说："这种认识和做法，违背了他的教育原则。而且，停留在这种层次上，学习也抓不好。"有的班主任认为抓纪律是班主任的主要任务。孙维刚认为，好纪律的基础是高尚的品德。不从这里入手，只会一波未平一波又起。

"请家长"是班主任惯用的招，但孙维刚认为，这实乃愚蠢之举。"我是没办法管你孩子了，只好请你出山了。"这不是向学生和家长宣告自己无能吗？"训家长"也是有些班主任采用的司空见惯的手段，孙维刚认为，这更是把家长推向了对立面。孙维刚做好班主任工作两大法宝：一是建立一个和谐的班集体；二是开好家长会。

孙氏建班原则

学生历程远还记得，一次数学测验他得了班里唯一的满分。但卷子发下后，他才发现少扣了一分。谁不想拥有这个满分呀！但是他主动找孙老师减去了一分。因为，诚实正派、正直之风，已经深入全班每个孩子心中。在孙维刚的班上，即使在考试时无人监考，也不会有一个学生作弊。"诚实，正派，正直；树立远大的理想和宏伟的抱负，为人民多做贡献；做有丰富感情的人，要因为我来到这个世界上，使别人生活得更幸福。"这既是孙维刚的建班原则，也是他的育人原则，更是他的做人准则。孙维刚高度重视班集体建设，因为他早已把环境看作是教育资源了。他常说："要给国家炼好炉，要为学生创造良好的小气候。"这儿的"炉"和"小气候"指的就是环境。如何建设一个良好的班集体？孙维刚爱引用这句话："浇菜要浇根，教人要教心。"

孙维刚是这样"教"的：只要不外出，他基本上每天参加值日扫除。在大扫除的时候，他会到厕所干拧墩布的脏活儿。学生有病，他亲自送他们上医院；他做错了事，或哪怕心里错怪了谁，都会在全班同学面前检讨。是班主任的言行和对孩子们的真诚让他教到了学生的心上！有了这样的榜样，就不难解释，为什么每逢捐款捐物，孙维刚所带的班都非常踊跃。全校大扫除，阅览室、实验室的扫除工作都让他的班领走了，而且保证干得漂亮。即便是他未带完的第四轮实验班也依然保持了这样良好的传统。每个寒暑假，班上的学生会拿出两天时间，到教育局仓库把全校师生的新课本、练习册等搬回学校。而学生间互相帮助的事情更是不胜枚举。

300%的家长学生联席会

第四轮班上的学生孙之星还记得，1990年6月20日，孙维刚召开了全体同学及各自爸爸妈妈联席的建班会。学生们刚刚小学毕业，这可以说是他们的第一节课。孙维刚要求学生以及他们各自的家长："做学问，先做人。不要只是想着三年后考高中，六年后考大学，这些都先不要想，当务之急，是想想把孩子们培养成品德高尚的好人。"

历和远的家长还记得："我们第一次参加这样的家长会，前面坐着42个学生，后面坐着84位家长。孙老师说，我们的班集体是包括所有的家长和他本人在内的127人组成的大集体。"学生们则称之为"300%的家长学生联席会"。魏雯霏的家长至今保留了开家长会时所用的厚厚的记录本。孙维刚的第四轮实验班只伴随了他短短20个月。在病魔缠身的情况下，他仍然召集了28次家长会，而且最长的一次居然开了7个小时。家长集体的形成和家庭教育的改进，是孙维刚教育实验的突破与创新。他从来不把家长会当作棒子用来敲打学生。他的家长会主要是与家长沟通教育计划，改进家教环境，传播教育学、心理学知识，从而让家长成为教育的同盟军。一轮实验结束，许多家长说如同上了六年家政大学。

孙维刚常说，要站在为了人民的高度去教育孩子，现在都是独生子女，如果我们把孩子个个都培养成才，这对每个家庭和国家来讲是何等幸运啊。

教学创新

"教学的目的是什么？""传授知识！"有人这样回答。孙维刚对这样的说法明确表态："我不赞成！"在他看来，知识是需要的，但更需要的是驾驭知识的能力，其本质是高超的思维水平，是智力素质。孙维刚认为："教师在教学上不能仅仅满足于难点怎么突破，重点如何讲透，不能总是知识知识，到头来还是停留在知识上。"在他看来，教学的目标应该是：通过知识的教学培养学生的能力，在能力提高的基础上，不断发展和完善学生的智力素质，造就一个强大的头脑，把不聪明的孩子变聪明，让聪明的孩子更聪明。

如何造就一个强大的大脑？从系统的高度教授知识。在一般人看来，数学是枯燥的。但在孙维刚学生眼里，数学是和谐的，是对称的，是美丽的。孙维刚讲数学，他可以从希腊字母讲到希腊文化，再讲到欧洲、二战，一堂数学课，他可以讲到历史、军事、世界局势、地理风情、唐诗宋词，也可能随机转到物理、化学、俄语、英语，从初等数学讲到高等数学。孙维刚认为，学科间本无明显界限，它们总是互相交织，互相渗透的，只有掌握其中的规律，才能把握内在的灵魂。教学的关键是掌握和运用知识本质的必然联系，掌握其内在规律性，学生分析和解决问题的能力就会大大提高。

他启发学生学习数学，按四个"大规律"，十五个"中规律"，还有三四十个"小规律"去做。他认为，把这些运用娴熟了，从初一到高三，从代数到几何，就没有不会做的题目了。的确，在孙维刚学生的眼里，6年的数学不过如此。更重要的是，他们将这种方法运用到各学科的学习，以至后来的工作和学习中，这给予学生的是一种可持续发展的能力，更看重对哲理的发现和汲取。

从这两位老师的成长案例中，我们可以看到他们专业能力形成和提升的过程，他们对教育事业无比忠诚，对于学生则充满爱心、勇于实践、勤于创新、思考教学、研究管理，他们一直奋战在一条不断实践、不断探索、不断完善的成长之路上。

二、通过反思不断进行自我完善成长

对教师来说，反思就是教师以自己的职业活动为思考对象，对自己在职业中所做出的行为以及由此所产生的结果进行审视和分析的过程。

通过调研观察，几乎所有的专家型教师都具有教学反思的习惯，且正是因为有了这种习惯，其专业能力才得以迅速提高。事实上，每一位名师无一不是经过不断反思完善自己的专业能力的。

实践、反思、学习应当是一个不间断的循环及融合的过程。正如《中庸》所言："博学之，审问之，慎思之，明辨之，笃行之。有弗学，学之弗能，弗措也；有弗问，问之弗知，弗措也；有弗思，思之弗得，弗措也；有弗辨，辨之弗明，弗措也；有弗行，行之弗笃，弗措也。人一能之，己百之；人十能之，己千之。果能此道矣，虽愚必明，虽柔必强。"

教师进行教学反思的内容主要包括五个方面：一是反思教学设计；二是反思教学过程；三是反思教学内容；四是反思教学效果；五是反思教学观念。

而教学反思的方式主要有以下三种。

（一）写课后教案

新课程理念指导下的课堂教学具有明显的生成性，不少课堂问题在课前难以被预设或预料。写课后教案正是通过尽可能详细地记录课堂真实情况并在此基础上对其中存在的问题进行不断反思与总结，从而促进自己教学水平的进一步提升。

（二）写反思日记

教师通过及时记录自己一天的教育教学工作，反思其中可能获得的经验与教训。

（三）反观录像课

教师事先将自己的教学实况录制下来，然后以他人的视角对其进行审视，从中发现自己的优点及存在的不足，以便今后在教学过程中能够扬长避短或长善救失。

什么事情都是知易行难，知道何为教学反思，跟真正掌握并应用还有一段路要走，下面我们就从几个具体案例，来学习如何通过教学反思来提升教师专业能力。

【案例一】

高三语文老师郝玉生的课堂教学反思

当进行文言文讲评时，我又特别强调理解分析的时候要紧扣语境进行。有的学生还是不理解语境意识的重要性。于是，我就利用考题让学生以小组形式展开讨论评价，该题是这样的：

下列断句正确的一项是（3分）：

A. 江以三十六人横行／齐魏官军数万无敢抗者其才必过人今青溪盗起／不若赦江使讨方腊／以自赎。

B. 江以三十六人横行齐魏／官军数万／无敢抗者／其才必过

人／今青溪盗起／不若赦江使讨方腊／以自赎。

C．江以三十六人横行齐魏／官军数万无敢抗者／其才必过人／今青溪盗起／不若赦江／使讨方腊以自赎。

D．江以三十六人横行／齐魏官军数万无敢抗者／其才必过人／今青溪盗起／不若赦江／使讨方腊以自赎。

对此处的断句，学生争论分为三派：一派认为B、C对；一派认为A、D对；还有人认为都对。显然，有不少学生的理解是错误的。明确准确答案后，有学生追问："为什么不能断在横行后？"还有学生追问："为什么齐魏就不能在官军前面？""把齐魏理解成齐地和魏地不行吗？"小组有学生讲得较明确，争论声较小；有的小组讲得勉强，争论声较大。

各组结束讨论，派代表交流。大家的分歧是对"齐魏"的理解不同。于是，我引导学生关注语境，如果能结合上句"宋江寇京东"来理解，就不会把"齐魏"理解为齐国、魏国，因为叙述的是宋朝宋江的事，不是战国时期的事，理解错误的同学一下就明白了，自己犯的错误类似于"关公战秦琼"，看来结合语境理解确实是非常重要的意识与方法。

还有联系后一句"官军数万无敢抗者"来理解，把"齐魏"理解成"齐地、魏地"的同学也与前面的错误一样，所以句子不能断在"横行"后。这时又有一个同学还不服气，提出自己的理解，"把齐魏翻译成山东、河南不就可以断在横行之后了吗？为什么就不行？"这个问题出乎大家意料，一时同学们都在思考，教室里一下安静下来。

我立即意识到这是个绝好的时机，让同学们更能真正明确预警意识的重要性。于是，首先肯定："这个同学他的问题很有水平，说明他刚才的确认真思考了，给点儿掌声吧。"待安静下来后，我问：

"哪位同学来解答这个同学的挑战性问题呢？他的理解符合原著的精神及人物当时的思想吗？"

见一时无人回答。我又提示大家："请同学们再看原文，这是谁向皇帝就什么事情提出的建议，皇帝给予了他怎样的评价？也就是把要求断的那一大句放到段落中去思考，看看谁能看出问题的实质。"学生们再看原文。

"宋江寇京东，蒙上书言：'江以三十六人横行齐魏，官军数万无敢抗者，其才必过人。今青溪盗起，不若赦江，使讨方腊以自赎。'帝曰：'蒙居外不忘君，忠臣也。'命知东平府，未赴而卒，年六十八。赠开府仪同三司，谥文穆。"

这时还是那个提问的同学最先站起来说："老师，我理解了，我刚才的理解是肤浅的。"

"你能给大家说说你的反思成果吗？"

"好的。"这时陆陆续续有同学举手了。

"大家想听听他自己的反思成果吗？"大家同意。

"那请你上讲台，结合多媒体上的原文进行解说。"

这个同学很自信地上讲台。"大家好，我在看原文，结合整个文段理解后发现，这个分句是侯蒙在先前宋江进犯京东，现在青溪又有盗寇起事的情况下，向皇帝提出如何解决国内盗寇问题的建议，如果把齐魏与官军连在一起意思就是山东、河南的数万官军没有敢与宋江抗争的，言外之意就是其他地方有敢与宋江抗争的官军，那皇帝就可以调派那些官军消灭宋江，侯蒙又何必多此一举。如果是这样，皇帝又为什么评价他是忠臣呢？由此看来，此时宋朝国内是所有的官军都没有敢与宋江抗争的，历史也是这样，所以齐魏不能和官军连在一起，而是说宋江在齐魏一带活动。所以排除了 A、D 两项。"伴随他的回答完毕，大家掌声一片。

　　我趁热打铁，板书强调"紧扣语境理解文本"。"不仅是文言阅读，其他类型的文本阅读都需要很强的语境意识，词不离句，句不离段，段不离篇，是阅读的基本方法，希望大家牢记并不断实践将其成为自己的习惯。"

　　"谁还有不同的解释？"我希望以此加深学生对这个阅读方法的印象，并且听听不同的解题思路……

　　我觉得有效的课堂教学，不仅要关注教师的教，更要关注学生的学。关注学有很多方法，而课堂评价就是最有实效的一种方法。如何通过评价提高课堂效率呢？可从以下几个方面进行：第一，用适度有效的表扬进行评价，让课堂气氛热烈；第二，用委婉含蓄的批评进行评价，让课堂洋溢温情；第三，用多元化的启发进行评价，让课堂产生思维碰撞。

　　在课堂教学中，评价的目的是促使学生对自己的学习进行反思，使学生更明智、更理性地进行学习，而不是盲目地被表扬所驱使，一味地为表扬而学习。因此，教师不但要把握好评价的不同方式方法，而且为了促进学生全面发展，应该在课堂评价中，实施多元评价，积极构建多元互动的立体评价机制，多方面发现和激发学生的潜能。

　　1. 教师要积极引导学生学会自评，运用自评建立自信

　　学生自评有利于调动学生的内因，启发学生认识自我，发现自我；运用自评有利于减少对学生的伤害，使学生不断地认识和改进自我。

　　2. 教师要引导学生互评，促进合作，共同发展

　　教师在引导学生互评时，首先要帮助学生学会用欣赏的眼光看待伙伴，从伙伴的优点中找到自己的不足，从而激励学生共同发展。避免学生之间相互评价时，总是挑对方的"刺"，老师的

评价语言应该引导他们慢慢学会用欣赏的眼光看待彼此，能正视自己、正视伙伴。

课堂评价必须纠正"为了课堂热闹好看"的浮华，必须注重人性化，让学生成为评价的主体，让学生关注自己的发展和进步，真正体现评价所应有的教育意义。还应注意，我们在对评价形式进行创新的时候，不要忘了一些很好的传统评价方式。如点头、微笑、眼神，口头与书面结合、当众与个别交流结合，等等。

总之，课堂教学评价应该是一种民主、平等的"对话"，这种"对话"过程贯穿着尊重人、爱护人、发展人的人本主义情怀。让我们实施科学有效的评价策略，用积极的态度看待学生，从每个学生发展的内在需要和实际状况出发，评价他们各自的发展进程，让每个学生都得到赏识，体验到成功，促使他们向着更高、更优秀而努力！还有特别重要的一点，课堂教学评价还可以提高学生的理解能力，解题能力，表达能力。

【案例二】

首都师范大学附属中学语文特级教师李玉华的教学反思

我是一名语文教师，反思是我的习惯，每次给学生上完课，我都要回想、思考，这是我不断进步的阶梯。下面和大家分享一些我的反思及体会。

我在准备《故都的秋》和《故乡的榕树》这两篇散文的教学时，进行了一些思考和尝试，我一改在备课时事先设计问题，而在课堂上用问题引导学生前进的模式，完全按照新课标的要求进行教授。先让学生们从整体上把握文章的思想内容，而后让学生们结合自己的成长经历、生活阅历进行分析，从而解读、理解文章的深度内涵。通过这种方法，学生在感受课文意境美、人情美的同时，还能潜移默化地提升个人审美能力——学会观察生活、发现并记录生活中充满人情美的细节和瞬间，同学们写出的篇篇散文应该是对这些美好瞬间的描绘，更通过这些思考和实践来完成自己对亲情的感激，这是同学们应该具备的品德。

遗憾：在教学中并非所有学生都参与进来，原因是他们的生活太单调，加之学习压力大，忽视了对生活的细致观察，想参与却无话可说。

感想：语文学习的外延等于生活的外延，离开了对生活的真切体验，也就无法学好语文，生活能帮助学生理解人生，感悟做人的道理，这是理解作品的基础，也是写作的源泉。没有生活，一切将成为无源之水、无本之木。所以丰富学生的生活，引导学生观察、体验生活与学习知识相比同等重要，甚至有时比学习书本知识更重要。

在准备张承志的《汉家寨》的教学时，我对学生不是进行"填鸭"式灌输课本的内容，而是提倡让他们进行思辨，主动地接受文本。我想尝试将阅读教学与协作教学进行结合，于是阅读文本，探寻文本本义，了解、掌握阅读方法，提高阅读能力成为我设定的教学目标。

接受文本，谈个人的感受，将阅读与作文习作相结合，了解、掌握思辨规律，提高思维能力、表达能力。

课堂上，我首先引导学生掌握理解读文本的方法后，告诉同学们：面对酷热、寸草不生的汉家寨和汉家寨人，不同的人会有不同的感受，因为任何人对事物都会有自己的理解；面对同一事物，依照不同的人生观、价值观，从不同的角度思考，会产生不同的感受。老汉为什么"坚守"不得而知，但可以猜想、感受，作者写的也只是他个人的感受。现在我们抛开作者的感受，谈谈"当我面对汉家寨时的感受及思考"。

片刻过后，同学们广开言路，从求生存和求发展，人生方向和追求，价值取向和与时俱进等多个方面谈了自己的感悟和想法。同学们清晰和开阔的思路，是我完全没有想到的。我想这就是素质教育所提倡的培养学生的阅读个性，培养学生的创造性思维吧。

对于这堂课，有人给出了不同的意见。于是我思考这样一个问题，根据课参或课本以外的教学套路设计课程是唯一的方法吗？有什么更好的方法去落实新课标中新的教学理念？

课堂不是恒久不变的，当我们无法用经验去化解教学事件的时候，就应该不断反思，尝试通过反思来提升自己的教育智慧。同时，教学反思会使我们摆脱一成不变。有学者指出，判断教师专业化程度的一个标志就是教师能否以"反思教学"的方式化解教学中发生的教学事件。

刚开始认识到教学需要反思的老师，常常困扰于反思什么和如何反思这两个问题。对于这两个问题的解答，我们可以从上面两位老师的教学反思经历中得到答案。通过两位老师的经历我们可以看出，事实上教学中的任何问题都可以通过认真思考、反复琢磨，变成反思的对象。对于教学中任何困惑的思考，对于教学中任何问题的尝试解决，都是一次教学反思，每次的反思成果对于教学能力的提升都会有所助益。

当然，实践是检验真理的唯一标准，反思和实践紧紧相连。实践和反思交替进行，什么是对的，什么是行不通的，反思之后的结论仍需经过再次实践进行检验，之后再反思再实践，这就是教学能力螺旋上升的过程，也就是在这样的循环往复中我们自己的专业素养得以提升。孔子曰："学而不思则罔，思而不学则殆。"

如是也。

作为教师一定要能够用心修炼，不断提高并有随时面对突发新情况、新矛盾的心理准备，具备分析和解决这些新问题、新矛盾的能力。我们现在拥有更广阔的平台和更高的起点，应该不断完成自我超越，刷新纪录，勇攀高峰。

第三节　职业信念铸造专家型教师成长之魂

教师职业信念是深深扎根于教师内心的、稳定的、情感性的、可发展的心理建构。教师的职业信念是教师在对教育教学基本认识的基础上形成的自我意识与价值观念，是教师专业素养构成的一部分，是对于教师职业发展具有决定性影响的因素，是维持和激励教师在专业上不断努力、不断成长的内在驱动力。

一位有坚定职业信念的教师，他们不会认为教育是具体的技术或者方法，他们会认为教育是心灵之间的互动，是激发学生和教师自身生命活力的一个重要途径。如果职业信念坚定就能够做到尊重学生，帮助学生，在学生犯错误时能够心平气和地对待学生，对于学习上后进的学生，就会有更多的耐心。

教师的职业信念是教师献身于教育工作的根本动力，也是形成教师职业道德的必要条件之一。教师对于教育事业的忠实程度，对于学生的爱护程度，对于职业的认可程度，这些都受职业信念的影响。那么，作为教师应该如何铸就自己的职业信念呢？

一、职业信念的影响因素

职业信念的形成不是一个简单的过程，其影响因素也不是单一的。如何树立坚定的职业信念，可以从以下几点谈谈。

（一）树立专业理想

教师的专业理想指的是一名教师对教育职业的向往和追求。一个专业理想远大的老师，会表现出很高的工作积极性，会有很强的事业心，所谓志当存高远，如是也。教师是一种道德职业，也就是我们常说的"良心活"，教师的专业理想越是远大，那么对于教育事业的忠诚度就会越高，对于自我专业发展的愿望就会更加强烈，因此要有坚定的职业信念，首先要树立远大的专业理想。

（二）端正从业态度

从业态度是一个职业人职业价值内化以后对于工作的外在表现。教师的从业态度，决定了教师对于教育事业的忠诚度。在高校毕业生就业压力有增无减的当下，部分人选择教师职业只是为了就业，缺乏职业认同感。这样的教师，往往是"身在曹营心在汉"，总是存着骑驴找马的心思。抱着这样想法的教师，怎么还可能指望他们去钻研业务，自我奋斗，提升自身专业能力呢？因此，要想在教师职业上取得一定成就，必须端正从业态度，要认可教师可以为社会做出特殊贡献这一理念，从而找到职场的乐趣，领略到自身的价值，由此才能产生职业幸福感，而职业幸福感是一个人在事业上持久进取的永恒动力。

（三）从业环境影响

众所周知，学校是一个教师开展教学活动，进行专业发展的主要场所。一所学校的管理水平、文化氛围、人际关系以及教育理念对于身处其中的教师来说有着极大的影响作用。尤其是新教师刚入职的第一所学校，对他以后的成长影响极大。如果一所学校鼓励教师自我发展、追求卓越、不断进步，在那里大家互相提携帮助，集体研讨，进行教学练兵比武，这样的氛围对教师成长的作用就无须赘述了。

（四）物质条件影响

基本上某个职业的社会地位是由其经济地位决定的，而经济地位往往又是由物质待遇和收入水平所决定的。一个职业的社会地位，会影响从业者对所从事职业的认同感、忠诚度和从业行为。现在我们很多学校的硬件水平和学校标准化建设可以说迈入了一个崭新的时代，距离实现教育现代化的目标也越来越近，但是教师的境遇似乎并没有得到切实地改善。教师仍然在为投入与产出的不对等而苦恼，为付出与回报的不匹配而纠结。教师也是有喜怒哀乐、七情六欲的普通人，也要面对生老病死、成家立业等问题。试想，一位整日为经济而发愁的教师，他还有足够的热情去追求所谓的专业发展吗？物质条件是制约教师专业成长的一个重要因素，想要教师积极追求专业发展，理应保障教师基本生活所必需的经济收入。

上述的第三条和第四条是树立职业信念的影响因素，尤其是第四条不是教师个人所能左右的，这需要国家的重视和全社会的努力。一个尊重教师的社会才能成为一个文明的、有前途的社会。

【案例】

李老师已有 5 年的教龄，聊起她的那帮孩子，她总会不自觉地嘴角上扬，带的孩子多了，总免不了有一些让她印象特别深刻的学生，而小明就是其中一个。

小明是个非常调皮的孩子。调皮到什么程度呢？作业不写，上课不能扣他所在小组的分，一旦扣分小明就会叫喊"不公平"，然后声泪俱下；和小朋友打架，随意躺在地上更是不在话下……对于小明，李老师曾一度非常头疼，因为小明的种种行为已经严重影响到课堂秩序。

在教学反思会上，对于小明李老师表示出她的无力，老师们积极给予建议，李老师也积极调整策略，但收效甚微。直到有一天李老师无意间了解到了小明的家庭状况。

那天，因为小明作业没做李老师将其留下补写，本想着向来接小明的外婆告一状，让外婆可以重视起来。小明的外婆来了后，在补作业的间隙李老师把小明的情况跟外婆细细说明并表示出自己的无可奈何。愁眉苦脸的外婆一边跟老师表达歉意，一边描述道，小明的父母平时忙于工作经常见不到孩子，缺乏跟小明之间的交流，小明的爸爸有时还会因为小明的调皮而打骂他。小明的爷爷奶奶生活在外地，照顾小明的任务最后落到了外婆的身上。外婆看着小明一点点长大，对于小明的调皮她比任何人都清楚，她说外面所有的兴趣班都把小明劝退了，连游泳、围棋这种纯兴趣班都拒绝收小明，她也不知道该怎么办了。听完外婆的诉说，李老师突然觉得小明很可怜，她回想小明的日常表现，除了调皮好动，其实小明也有自己的闪光点，比如小明会默默地帮老师擦黑板不求表扬；又比如小明经常分享最喜爱的零食给全班的小朋友，分到最后连自己的一份都没留……这样的小明让人心疼。

第二天的反思会上，李老师又将小明的案例与同事们分享，同时也想寻求老师们更好的建议。老师们给到的意见不一，有的认为要为大部分孩子负责；有的认为每个孩子都要被爱，小明不应该被放弃。再三思索后，李老师最终决定，既然小明的问题来源于家庭，源于缺爱，那她就把更多的爱给小明，她相信小明不是个坏孩子。

李老师做的第一件事是让自己爱小明，她不断给自己心理暗示，让自己把关注点放在小明的闪光点上，同时她决定在小明每次来上课时都热情地拥抱小明，鼓励小明。她还在小明所在的班级积极营造氛围，引导全班的小朋友一起给到小明关爱和包容，帮助小明一点点进步。

从那以后，上课前李老师总会抱一下小明。第一次抱小明的时候，小明很防备地问李老师为什么要抱他？李老师微笑着对他说："我非常喜欢你呀！这次上课如果你能坚持 5 分钟表现好，我就给你一个小奖励！"小明很开心，果真坚持了 5 分钟没有乱动。时间一到，李老师便让全班小朋友为小明鼓掌，并当场给小明一个小奖励。同时李老师引导小明挑战 10 分钟不乱动，虽然 10 分钟挑战未成功，但却给了李老师极大的鼓励，李老师觉得似乎找到了门路。

后来 5 年时光里，每次上课前李老师都会抱抱小明并给予鼓励，虽然过程中也有反复，也能听到其他老师的投诉意见，但是李老师始终坚持初衷，看着小明从一个调皮躁动的小小少年一点一点逐渐变好，李老师觉得十分开心和满足。外婆看到小明的进步后说不出的感激，但对于李老师来说，收获最大的其实是她自己。

每个孩子都是天使，所有的外在呈现归根到底都是家庭教育的最终结果。小明是属于缺爱的孩子，内心极度渴望爱和关注，幸运的是他遇见了李老师。

教育绝不只是单纯的知识传授的过程，而是需要用心去经营的一项爱的工程。李老师的案例告诉我们，一位真正的优秀的老师应该有强烈的职业信念，带着满满的爱投入教学，用欣赏的眼光、启发的语言以及绽放的生命力面对孩子。

【案例】

大连某小学张老师的成长经历

教师，似乎与我结下了不解之缘。从小身为教师的母亲对我耳濡目染，使我对教育产生了一种神奇的向往之情。我一直认为我身体里天生就流淌着教师的血液。1996年，怀着对教育事业的无比崇敬，更带着母亲对教育的无限留恋，我坚定而从容地踏上了这三尺讲台。

十二年了，我的讲台见证着我对学生的热爱，凝聚着我对教育事业的自豪和深情，它记录了我这十二年来的艰辛与奋斗，幸福与收获的工作历程。回想十几年的成长历程，每一个足迹，每一滴汗水，每一份收获，仿佛四季歌唱着我艰辛而幸福的成长之路。

小时候，很喜欢也很羡慕老师。常常会召集一群比自己年龄稍小的小朋友搬来小桌子、小凳子，手拿一根木棍，饶有兴趣地做起小老师。那份天真、那份稚气，现在想起来仍觉得可笑。为了实现自己的梦想，我不断地努力。大学毕业后终于踏上了讲台，昔日的梦想终于变成了现实。心中的喜悦就如初春里发芽的种子那样充满希望，令人神往，正如罗曼·罗兰说的：要散布阳光到别人心里，先得自己心里有阳光。那以后，我内心重新认识了教师这份职业，明白了肩上的责任。

还记得第一次踏上讲台时的那份恐惧与羞涩。茫然不知所措的眼神，语无伦次的表达，无地自容的表情将我的稚嫩表露无遗。还记得第一次被领导批评时的那种伤心，难过的泪水在不知不觉中流满脸颊。笑，不代表我不在乎；哭，不代表我会认输。在拼搏中我不会停下自己的脚步。怎能忘记，当新一轮课程改革实验的潮头涌来时，学生对教师的课堂教学有了新的要求。他们心目中新时代的课堂是民主，平等与和谐的。伫立于三尺讲台，我有了自己新的奋斗目标与追求，我勇敢而坚定地迈开了课改的步履。我有幸成了学校第一批课改的先锋。

回想几年前，自己带着贫乏的知识和经验置身于课改大潮，像一株久旱的枯草贪婪地吮吸着课改的甘霖。新与旧的交融，进与退的交锋，机遇与挑战的共存，这一切引人思索，撼人心魄，是固步自封还是乘风破浪？一时之间，我竟有些不知所措了。当我迷惘、困惑时，是研读课改书籍、浏览相关文件、撰写案例、进行教学反思让我不断更新观念，坚定了前行的脚步。还记得那年，我非常精心地准备了一堂研讨课，想把我所学到的几乎能背下来的新理念、新方法用于课堂教学中，想让大家分享我刻苦钻研的成果，学校特地请来了区英语教研员郝梅老师前来指导。可那天，孩子们都被我设计的那些热闹的游戏吸引住了，根本没有完成我交给的语言任务。上完课，我失望甚至感觉有些委屈地几乎快哭了。郝梅老师的评价是：你有课改的意识，但却是穿新鞋走老路，你没能做到把课堂真正地还给学生，你设计的教学活动没能够真正为教学内容服务。由于出师不利，我彷徨、迷茫，甚至开始怀疑自己。此时，细心的领导和热情的老师们及时给予了我鼓励和支持，郝梅老师亦被我的钻研精神所打动，她说我很具可塑性。此后，她格外关注我，经常与我探讨课堂教学，从理念和实践上给予了我莫大的启迪与帮助。

认识到自己的稚嫩，从此我更加用心了，踏实而有针对性地阅读，勤奋而灵活地实践。为了设计一个有新意的活动，我会绞尽脑汁，研究教材、研究学生；为了一个精美、完备的教学课件，我会在电脑前一坐六七个小时；为了演绎一堂真实、高效的课堂教学，我常常废寝忘食、挑灯夜战。我的女儿都说妈妈的最大优点就是爱工作。就这样，我努力转变教师角色，蹲下身来，用欣赏的眼光看待学生、发现学生；我也努力转变学生的学习方式，采用活动途径，倡导体验参与。我欣喜地感受到我的课堂里洋溢着浓浓的学习气息。我的课堂得到了家长、学生的喜爱。学生们经常在日记本里倾诉他们对英语课的喜欢，家长也给学校写过感谢信。就这样，我努力使自己成为一名让领导放心，让家长承认，让学生喜欢的好老师。我的教师专业成长历程可以总结为，对教育多一点儿执著，对教学多一点儿追求，对学生多一点儿爱心。我认为，教师的成长是经验、反思、机遇、挑战并存的。

作为教师，需要通过读书加深自身的底蕴，提高自身的素养。从小就喜欢读书的我，对书情有独钟。古人利用枕上、马上、厕上读书，体现了一个勤字；而毛主席不动笔墨不读书，鲁迅先生读书要三到，则是会读书。课余，我大量阅读相关的教育刊物，汲取营养，虚心向有经验的教师学习。我的读书笔记每学期都会达到上万字且图文并茂，内容丰实，令人赏心悦目。

我曾经参加了区特聘教师高研班的学习，学了三论、三教及一些学用结合的模式，使我在自己的教学理论和实践中有了新的认识与突破。为适应现代化教育教学信息技术的迅猛发展，我积极参加了现代教育教学信息技术的学习。现已拿到英特尔未来教育与现代教师教育技术结业证书。在我的课堂上，为了给学生提供最新的信息，我充分利用网上的资源，在网上浏览和搜寻信息，把它有效地应用到课堂上，提高了教学效率。

十二年的英语教学，我深深体会到，教师要胜任自己所教学科的教学任务，完成教学的一般过程，必须懂得基本教学理论与教学要求，有自己的专业基础。作为优秀教师，更要具有较强的一线教学能力。我深深地懂得，一个教师教学理念落后，在教学行为上必然是固步自封；专业知识贫乏，在教材处理上必然是捉襟见肘；文化知识浅薄，课堂教学必然是枯燥乏味。我不要成为庸者。相反，我要高峡出平湖，我要赢得学生的掌声与鲜花。首先，我在教学行为上求新，形成我特有的、个性化的教学风格。听于永正老师的课如沐春风，以情见长；听洪镇涛老师的课，逻辑严谨，以理取胜；听黄爱华老师的课幽默引人，独领风骚。虽然我不是名师，但我正努力形成自己的教学特色：活泼柔美，用活动引领自主，以激情独树一帜。我要用我饱满的激情感染我的学生，用生动有趣的教学方式激发学生的学习兴趣，用精心设计的活动培养学生的综合能力。我欣喜地感受到我的课堂里洋溢着浓浓的学习气息。

课题研究可以促进教师专业发展，更能提高教学质量。我能结合学校大的研究专题与英语组的教学实际问题，提出我们英语组的研究课题：小学英语活动化教学的研究。我带领英语组的成员以基本课型教学行为设计为载体，开展了复习课课型的研究。从理论学习，课堂实践，总结提炼，反思再实践，在这个艰辛而充满收获的过程中我日渐成熟，我的理论素养更丰厚了，我的思维更活跃了，我的视野更开阔了。我们提炼的复习课活动化教学行为设计得到了我区英语教研员宋茂萍老师的认可，区里先后多次在我校召开复习课课型研究现场会，我校的复习课课堂及课型研究成果得到了推广。我个人也参加了区"十一五"课题研究，丰富的课题研究经验让我解决了日常教学中存在的问题，逐步走出平庸，成为一名专家型教师。

教师要热爱学生，爱得越深，教育效果就越好，成功的机率就越大。一个学生再差也有其闪光点。在我的课堂上，我总是关注那些学困生，努力挖掘他们身上的闪光点，设计他们能够参与的活动来鞭策、鼓舞他们。我经常会在后进生的作业本上真情地写出我对他们的激励和鼓舞性的话语，同时也让他们把真心话写上去。我们这种无声的交流达到了无声胜有声的境界。一个微笑，一个抚摸，一个赞许的眼神，一句由衷的赞语，都会使后进生意识到自己被重视、被赏识、被喜爱，从而感到无限温暖。我在生活上我能给予他们帮助，学生进步了为他们买文具；学生上课不舒服给他们拿药、送水；学生状态不佳，主动找他们聊天。此外，我还经常与学生家长进行书信沟通。信件中我真诚的话语，恳切的告诫，诚恳的嘱托深深打动了家长们，他们愿意对孩子的英语学习给予最大的支持与协助。我对工作的满腔热忱，对学生的满腔热爱，得到了校领导、老师、学生的一致好评。

我曾多次代表学校参加各级师德演讲比赛并取得了优异成绩，我个人也被评为区师德标兵。每当我工作到深夜，聆听着雨打窗棂的声音或欣赏满天的繁星，心里涌动着对这份职业的最真切的感受，那就是：选我所爱，爱我所选！

看见孩子们那一张张快乐的脸庞，看着他们在笑声中成长，我所付出的一切都有了回报。作为一名教师，当我踏上漫漫征程时，就早已看淡一切，把孩子们的成长看成了我最大的成就。风雨中的每一步都充满艰辛，但是我依然会坚持我的初心。教育是我愿用一生追求的事业，面对挑战，我将更加努力。

张老师的成长经历再一次向我们直观展示了，坚定的职业信念是如何在春天撒下一粒种子，经过辛勤的汗水浇灌，在收获的季节助力她成长为一名优秀的专家型教师。

二、提升职业信念的策略

职业信念，直接关系到教师的成长，甚至去留，是教师专业活动和行为的动力。它包括职业理想，对专业的忠诚度，从业的态度以及对于职业的满意度等方面。

提升职业信念,有助于教师体会到自身价值,有助于教师领略到喜悦的滋味,以下给大家提供几个提升教师职业信念的策略。

(一)用心体验职业乐趣

教师要学会体验职业包含的快乐与尊严,学会把工作与个人发展统一起来,积攒实践智慧,肩负时代使命感,养成高尚的道德情操。教师职业的乐趣在于探索,在于带领学生探索,在于"得天下英才而教育之"的自豪感。抗日战争时期的西南联大,物质条件极差,清华大学经济系教授陈岱孙有次上课时遇到下大雨,因雨声太大,学生根本听不到老师讲课,教授干脆写下"静坐听雨"四字并笑称这是"风声雨声读书声,声声入耳"。陈教授这份静坐听雨的从容,就是因为他深知教育是什么,老师应该做什么,老师应该教会学生什么。即使在那样的条件下,亦能做到静坐听雨,静意思索人生。

(二)学会进行自我约束

人难免会有七情六欲,难免会有心情起伏,作为教师就要对自己各种负面情绪进行严格地控制。另外,在表达观点时一定要注意场合和身份,所谓研究无禁区,课堂有纪律。在自我修养还难以达到荣辱不惊的时候,那就要时刻把握自己的角色定位,牢记自己教师的身份。孩子心中的光芒,往往是教师激情的展现,而激情是装不出来的。有的教师讲课,看似挺有朝气,但那朝气是假的,装出来的,教师的眼神里没有光,给人的感觉自然不会舒服。当然激情也不是眉飞色舞,甚至是张牙舞爪。事实上,眼睛是心灵的窗户,学生更加注意的是教师的目光,手势就只是一些辅助作用。学生关注着教师的一言一行,因此教师从谈吐到着装都需进行自我约束,时刻要与自己的身份相符。

（三）积极参与学校事务

学校是教师赖以生存的场所，教师个人的生存发展与学校的生存发展息息相关，没有教师的发展就没有学校的发展。同样，没有学校的发展教师也很难成长，教师要提高职业自豪感，在学校里就要积极参与学校事务，不能"两耳不闻窗外事，一心只读圣贤书"。不要游离于学校事务之外，要关注学校发展，及时调整自己的发展目标及努力方向，还要热心学校的公益事务，增强对学校的认同感。

（四）抓住机会自我发展

学校应在管理中引入一定的竞争机制，为教师创设一些平等竞争的平台，比如"大比武"、教学基本功比赛等，让教学能力强的老师能够脱颖而出，也对所有老师起到一个鼓励和激发的作用。这时候，作为教师就要积极参与这种活动，这是自我锻炼和成长的好机会。另外，对于学历的提升，对于行业交流等机会都应该积极把握，克服职业倦怠感，抓住一切机会实现自我提升和发展。

（五）提高自我效能感

人们把教师对自己影响学生学习成果和能力的主观判断称为教师的教学效能感。研究表明，教师对自己影响学生学习行为和学习能力的主观判断与他们的教学效果之间密切相关。教师是根据学生的各种表现形成对他们的期望，之后又通过各种方式影响被寄予期望的学生，使学生朝自己期望的方向发展，这种发展也反过来影响教师以后的期望。因此，职业信念要求教师不断地提高能教好学生的自我效能感，这是保证教育工作顺利开展的重要因素。

学生是一个有内在规律的个体，更是一个有着复杂心理的特殊社会成员。每一所学校、每一个班级都有后进生或学困生，学生都有发展的可塑性。教师要充满希望，确信每位学生都可以被教育、培养和塑造好。要不断将这种信念转化为教育动力，激励自己不断克服困难，以积极热情的态度去热爱学生，对待教育工作。要对自己的工作、对每一位学生有百分之百的信心。

如果教师认为一个班的学生总是有好有差，不可能把所有的学生都教好，他就会放弃对后进生的教育；如果坚信能教好所有的学生，那么他们就更可能会用自己博大的师爱和强烈的责任心去温暖每一位学生，去滋润学生单纯而稚嫩的心灵，从而把教育工作真正做到家。

最后，让我们再通过两个案例，从两个不同的角度体会，职业信念是如何成为专家型教师成长之魂的。

【案例一】

荣获 2018 年度澳大利亚本地英雄奖的华裔中学数学老师

Eddie Woo 是悉尼西北部一所公立中学的数学老师。他的与众不同在于他把教数学作为自己孜孜不倦追求的事业，倾注了极大的热情与心血，他把自己的教学视频上传到社交网站，让世界各地的学生免费收看。他的教学视频已经有 800 多万次的点击量，他也因此曾获得了 2015 年新州州长创新科技教育奖。2018 年 1 月 25 日晚，他被授予 2018 年度澳大利亚本地英雄奖。在接受这一殊荣时，Eddie Woo 谈到了教育所具有的改变人生的力量。"教育可以从根本上改变一个儿童一生的轨迹，也可以决定孩子取得的成就和成为什么样的人。"他说，"教育可以改变一个人的一生，改变一个家庭、一个社区。"Eddie Woo 说他与其他人相比也算不上是什么英雄。"我的教室没有什么特殊的，也没有什么极为不一样的东西。我所做的仅是通过因特网打开了一扇窗户，让人们了解到在澳大利亚全国各地的学校中教师们每天都在兢兢业业地辛勤工作。"他说。

"孩子们，我希望你从我的故事里能了解到……痛苦并没有定义你，别人对你说的或者怎么叫你也不能定义你，唯一能定义你的是，在面对你面前的机会时，你到底选择了什么。"

"即使在这样的一个晚上，我最引以为傲的头衔就是当一名老师。这就是让我心动的职业，这就是我想要做的。"

Eddie Woo 被称为澳大利亚最牛的数学老师。他每天都很早就来到学校，安排好一天的教学任务。然后他脸上总是挂着灿烂的笑容迈进科室，带领学生们开始神奇的数学之旅。

他说："之所以数学使很多学生感到惧怕甚至厌恶，是因为不少老师是为了教数学而教数学，没有让孩子们懂得，数学其实与日常生活密切相关。例如，在公园看到一棵大树，怎么才能知道这棵树有多高呢？这个生活中的问题就可以引出三角函数的知识点。这样学生们往往会很感兴趣，因为数学在这个时候已经不是纯粹的理论，而是能解释或解决实际生活现象。"

"我最开心的是当学生们'顿悟'的那一刻，他们对某个问题百思不得其解，经过我们一起讨论、提问、剖析、画图，然后某个开关打开了，我能看到他们的眼睛瞪大了，然后开心地叫'我明白了，我明白了！'那一刻是无价的，我每天看到孩子们经历这个过程，真的感觉很棒，能帮助他们解决问题，这是我的荣幸，拿什么我都不愿意交换。"

"教书非常辛苦，因为要一直站着，但是当你看到学生们掌握了一个关键的知识点，或者当你看到有的学生的作业简直出乎你的想象，你会感到很欣慰。结束一天的工作回家，会明白这就是我每天辛勤工作的原因。"

Eddie Woo 每天上课前有一个特别的步骤需要完成，他会用录像机录下他每天的课程。"我开始录下我的课程是因为我有一个学生被诊断患了重病，他经常要请假到医院接受治疗，那是一个非常艰难的过程。所以我干脆就在桌上架起手机，点一下录像键。然后我想何不把视频放到网上，这样他只要能上网就能看到我的课程了。开始我只是特意为这位患病学生做的，其他学生知道后，也想收看这些视频，说如果要参加校外活动或生病了也不会落下课程了，就这样从我的学生开始，一传十十传百，三年过去了，这些视频非常受欢迎。"

现在他的账号已经有一万多的订阅者，他的教学视频收看次数超过百万！2015 年，年仅 30 岁的 Eddie Woo 曾获得年度新州州长创新科技教育奖。他生于澳大利亚，父母是马来西亚人，祖父母是中国人。当年他是班上的尖子生，父母希望他能选择律师、医生等职业，可是他却要当老师，父母的失望很快转变为理解，因为他们看到 Eddie Woo 对工作那份全身心的投入和热情。

Eddie Woo 是典型的学生题材电影中那位十分受学生欢迎的亦师亦友的老师，他能为慈善组织筹集 2500 澳元善款，他也能弹一手好吉他，他还能绘声绘色来几个幽默的笑话。就是这样一位风趣、幽默、敬业、爱学生的老师，受到学生的敬重，在他们眼中，Eddie Woo 是一位导师、一位激励者，更重要的是一位朋友。

【案例二】

莫振高，高级教师，全国先进工作者，全国教书育人楷模。以优异成绩从广西民族学院毕业之后，他经过不懈努力，成了广西都安瑶族自治县高级中学的高级教师，在用自己专业知识辅导同学们的同时，在工作上兢兢业业的他又迎来了自己新的挑战。他被升任为广西都安瑶族自治县高级中学的校长。

都安瑶族自治县几乎都是少数民族学生，而且贫困家庭也不少，这就使得莫振高的工作又增加了难度。莫振高开始用自己微薄的工资去帮助那些因家庭贫困而不能上大学的学生们实现他们的大学梦。莫振高曾说过："只要考上了，不管遇到多大的困难，我们都要想方设法送他去读大学！找政府，找企业，找单位，找个人，争取社会的资助。"

莫振高也为自己所说过的话付诸了行动，他经常带动学校领导向各届校友"化缘"，向各单位"化缘"，一次次地放下身段去筹集资金，只为了自己的学生未来能够更好地发展。莫振高说："学生们的未来是我最大的牵挂。一想起他们能够考上大学，走出去，拥有更好的前程，我心里就充满快乐。"这也是他为什么一直坚持去全国各地进行演讲、宣传"帮助贫困学子实现大学梦"的原因所在吧！他每天坚持早上6点准时到校，晚上11点才回家，就这样他坚持了30多年。功夫不负有心人，一切总算有了良好的发展和结果，学校的教育基础设施也有了很大的改善，互联网也走进这所贫穷的学校。

莫振高连续三十五年用自己微薄的工资资助了将近300多名贫困生，实现了他们的大学梦。除了他之外，还有社会上的爱心人士共捐出3000万元善款，资助了这所学校18000多名贫困生完成学业。这一切离不开莫校长的奔波宣传，让更多的人了解他们的困境并积极鼓舞大家贡献出自己的一份力量。

都安高中学生陆晓兰说过："我是大山里的孩子，在最困难的时候，是莫校长让我们看到了希望。"可见，莫振高在孩子们心中的地位有多重要，他真不愧是"既当校长又当爹"。都安高中的学生们也是不负众望，连续十年本科上线率均超过70%，专科上线率已达到98%，在众多学校中名列前茅。因为突出的成绩，这所普通的县级高中成了示范性高中，这种荣誉是不能用任何东西来衡量的，是每一位老师默默奉献、兢兢业业努力的成果，当然也离不开每一位学生的刻苦努力。

俗话说得好"种瓜得瓜，种豆得豆"，付出了什么样的努力，就会收到相应的成果。1996年，莫振高就被评为广西壮族自治区劳动模范。2000年，他又被评为全国先进工作者。然而，他并不是一个贪图名利的人，虽获得了很高的荣誉但他仍不忘初心继续坚持自己的初衷。2006年，他在荣获"感动广西十大新闻人物"之后，又是一路坚持，获得了"感动中国2015年度人物"等荣誉称号。

没有惊天动地的伟业，没有豪气冲天的话语，但莫振高以毕生的心血，用爱与责任铸就的丰碑，长留于天地之间，耸立于万千学子心中。如果说清贫是一种生存状态，莫振高在这样的状态中锻铸了震撼人心的坚韧精神。他去世后，学生们说，每次经过教学楼，莫校长那个双手叉腰的高大身影仍然依稀隐现，激励着他们跑得更快，用更优异的高考成绩，告慰校长的在天之灵。

2015年在感动中国的颁奖典礼上，这样评价莫振高："千万里，他们从天南地北回来为你送行。你走了，你没有离开。教书、家访、化缘，埋头苦干，拼命硬干。你是不灭的蜡烛，是不倒的脊梁。那一夜，孩子们熄灭了校园所有的灯，而你在天上熠熠闪亮。"

第五章

专家型教师修炼术

前文已经述及专家型教师的成长规律、专业素养要求以及成长之"道"，介绍了专家型教师是如何成长的。事实上，很多专家型教师主要是因为精彩的课堂讲授或者优异的教学成果被广泛关注的。可是，为何专家型教师的课堂可以那么精彩？他们为何可以取得那么优异的教学成绩？他们的教学方法有什么特别之处？他们的教学行为和其他老师有什么区别？他们到底是如何才能取得了那样大的成绩的？本章将主要运用大量案例，从"术"的层面向大家介绍如何修炼成为专家型教师。

第一节　苦练基本功，提升教学艺术

一、学会备课，事半功倍

成为一名教师首先要学会备课，只有进行了充分的课前案头工作才可能会有精彩的课堂讲授，这就和"台上三分钟，台下十年功"是一样的道理。通过备课，把"十年功"以最精彩、最合理、最完美的状态在 45 分钟里展现出来，达到最好的效果。因此教师应学会备课，以到达事半功倍的效果。

（一）备课备什么

备课，顾名思义是教师为了上好一节课提前做的准备工作，它是上好课的前提和基础。备课其实就是教师对教学的策划工作，有了好的策划，才可以谈好的执行。因此上好课的先决条件，就是做好备课这个起始环节。

备课，需要从教材、学生的实际情况和教法三个方面进行考虑和研究，做到心中有数，这项工作必须仔细研究、全面考虑、综合分析、了然于心，做教学上的明白人。

对于教材一定要认真吃透。研究新课改精神和课程标准的基础要求，弄清楚本学科的教学目标、教材体系和基本内容以及对教学方法的有关要求。熟练掌握教材的全部内容，包括教材的编写意图、组织结构、认知结构、重点章节，各部分的重点、难点等问题，做到完全掌握教材，驾驭教材。

对于学生的了解一定要全面深入。掌握学生原有的知识水平、认知方式、态度和情感倾向；掌握容易对学生学习产生影响的心理、生理和社会因素，包括智力的差异对学习的影响；掌握不同层次学生的学习情况和学习习惯，做到知彼知己，有的放矢。

教法指的是教师为完成教学任务，达到教学目标，实现教学效果所采取的教学方法和策略，包括对教材的应用，课堂活动的安排，课后作业的布置，作业的批改等。教法的选择一定要科学合理，尊重知识发生发展规律，符合学生的身心特点和认知规律，寻找教材内容与学生学习的结合点、兴奋点和生长点，选择有效的途径、方法和手段，引导启发学生积极开动脑筋，开发和挖掘学生的潜能，不仅使学生全面正确地掌握所学的教材内容，而且让学生掌握学习方法。学会学习，能为学生今后可持续发展奠定基础，在学习中培养学生各方面的能力。

（二）专家型教师如何备课

备课是教师根据学科课程标准的要求和本门课程的特点，结合学生的具体情况，选择最合适的表达方法和顺序，以保证学生有效地学习。备课其实是教师思维活动的呈现，是教师把课标的要求与自己的理念相结合，再根据学生情况制定的课堂活动预案。

教师们一般备课的程序是这样的，先是根据课标要求，确定教学目的和教学目标，然后选取教学内容，再制订教学方法，确定教学活动和教具。但是专家型教师的备课程序通常不是这样，他们会首先分析学生，然后再根据学生的特点综合教学内容，确定教学目的和目标，再然后才进入确定教学方法等环节。所以他们遵照的是"以学生为中心"的原则，即使是同一节课，同一学年，给不同的班级上课，因为学生不同，班级表现出的课堂氛围不同，他们准备的教案也会是有所差别的。

【案例】

一、教材依据

《藤野先生》是人教实验版教材八年级语文下册第一单元第一篇课文，是一篇精读课文。

二、设计思想

（一）教材分析

《藤野先生》是一篇传统课文，是鲁迅对20世纪初自己在日本留学时的一段经历的回顾，重点叙述了与藤野先生的交往，热情地歌颂了藤野先生的高贵品质，洋溢着作者一腔的爱国之情。学习这篇文章，不仅能学到叙事性文章的写法，也能从中受到爱国主义的熏陶。

（二）学情分析

初二的学生有主见，他们对于作品内容已经具备了初步的概括、分析能力，但看问题往往不够客观、全面、深入。不过，他们思维活跃，视野开阔，好胜心强。倘若教师在班级中创设交流、探索、合作的良好氛围，在教学中"以学生为中心"，引导得当，学生定会从中获得感悟，得到教益的。

（三）设计理念

根据《语文课程标准》课程总目标，"在发展语言能力的同时，发展思维能力""能初步理解鉴赏文学作品，受到高尚情操与趣味的熏陶"。在培养学生概括能力的同时，锻炼横向思维，读懂事件与主题的关系；在引导学生欣赏名家作品的同时，使学生受到前人高尚情操的熏陶，达到既学书本又学做人的目的。

本文篇幅较长，涉及的人和事较多。如果讲课时事无巨细、面面俱到，势必会顾此失彼，给学生抓不住重点的感觉。授课时，应紧紧抓住文章的两条线索：作者与藤野先生交往这一明线，作者的爱国主义思想这一暗线，采用由主到次、由整体到局部的教学思路。

教学中要始终突出以学生为本位的思想，充分激发学生的主动意识与进取精神，倡导自主、合作、探究的学习方式。教法重点就在于探究学习上，学生在整体把握课文时可采用默读法、圈点勾画法，之后，可采用讨论法、仿写法等。

三、教学目标

知识与能力：指导学生学习本文选取的典型事例，抓住人物的主要特征，刻画人物，突出人物思想品质。

方法与过程：抓住文章的两条线索，采用由主到次、由整体到局部的教学思路，首先弄清文章的主要人物形象藤野先生，然后再领会语言的感情色彩，体会作者强烈的爱国主义情感。

情感、态度和价值观：了解藤野先生正直热忱，治学严谨，没有民族偏见的高贵品质；学习鲁迅先生强烈的爱国主义精神。

四、教学重点

掌握本文通过典型事例突出人物品质的写法。

五、教学难点

领会语言的感情色彩，体会作者强烈的爱国主义情感与民族自尊心。

六、教学准备

多媒体课件、学生搜集的相关背景资料，了解20世纪初中国的社会现状。

七、教学过程

（一）导入新课

1998年11月29日，国家主席江泽民在日本仙台市参观了鲁迅纪念碑（出示图片）。

鲁迅纪念碑为什么建在仙台呢？

生：鲁迅在日本留过学。

藤野先生和鲁迅是什么关系？

生：藤野先生是鲁迅的老师。

鲁迅在离开仙台二十年后写了一篇回忆老师的文章《藤野先生》，（板书课题）下面就让我们沿着鲁迅先生的足迹，去重温那一段往事。

设计意图：从新闻报道入手，触发学生的好奇心，使学生急于了解鲁迅先生的洋老师，激发他们阅读课文的欲望。

（二）检查预习（出示幻灯片）

1．给下列加点的词语注音。绯红（fēi）、烂漫（màn）、芦荟（huì）、解剖（pōu）、不逊（xùn）、匿名（nì）、诘责（jié）、瞥见（piē）

2．解释词语。

匿名：不具名或隐藏真名。

不逊：不客气；没有礼貌；骄傲、蛮横。

标致：漂亮。文中是反语，用来讽刺。

油光可鉴：文中是说头发上抹油，梳得很光亮，像镜子一样可以照人。

抑扬顿挫：（声音）高低起伏和顿挫转折。

深恶痛绝：厌恶、痛恨到极点。

设计意图：检查课前预习情况，夯实基础，培养学生自主学习的习惯。

（三）理清思路

1. 这是一篇回忆性散文，作者主要回顾一段什么样的人生经历？

生：回顾 20 世纪初作者在日本留学时的一段生活经历。

2. 文中所写事件变换了几次地点？请找出文中表明地点转换的语句。

生：东京——仙台——离开仙台（北京）。

3. 按时间和地点转移，本文可以分成哪几部分？

讨论后归纳：三部分

（1）东京所见所感；

（2）仙台学医生活；

（3）离开仙台以后（对藤野先生的深切怀念）。

设计意图：学生在自主阅读的基础上，通过小组讨论，了解通过时间、地点的变换来叙述事件、构思布局的写作方法，进而理清文章的写作思路。

（四）感知形象

1. 文题是"藤野先生"，同学们找一找，课文是从第几段开始写藤野先生的？

生：第六段。

2. 藤野先生是以一个什么样的形象出现在作者面前的，文章抓住了藤野先生的哪些特征来描写？

生：写藤野先生，作者抓住了他的外貌特征（黑瘦、八字须、戴着眼镜）、举止（挟着一叠大大小小的书）、声调（缓慢而有顿挫)等方面的主要特征，将一个正直的学者形象描绘得栩栩如生。

然后作者又从目睹先生大大小小的书的情景和耳闻先生的衣着不修边幅，来表现先生严于治学和生活简朴的崇高品德。

3. 在相处过程中，作者记叙了能表现藤野先生高贵品质的哪几个典型事件？这些事例分别表现了藤野先生怎样的品质？

学生听 11—23 段的录音，边听边在书上勾画批注，然后举手抢答。

事例表现出的思想品质：

（1）添改讲义，认真负责，一丝不苟；

（2）纠正解剖图，热情关心，严格要求；

（3）关心解剖实习，正直无私，真挚诚恳；

（4）了解女人裹脚，探索研究，实事求是。

4. 一个日本教员，对作者这个中国人如此关心和厚爱，这又表现了先生的什么品质呢？

生：没有民族偏见的高贵品质。

5. 藤野先生有这么多优秀品质，对作者如此关心厚爱，按理作者应该留在仙台继续学医，可后来为什么改变了学医的志向呢？

讨论后明确：

（1）匿名信事件；

（2）看电影事件。

当看到日本学生的狂妄傲慢，尤其看到中国国民愚昧麻木的时候，作者的思想受到了严重挫伤。于是决定改变志向，弃医从文。

6. 作者为什么要写弃医从文这些内容？

讨论后明确：

（1）从侧面表现先生没有民族偏见的高贵品质；

（2）表现了鲁迅强烈的民族自尊心和爱国热情；

（3）为下文的惜别埋下伏笔。

7. 作者是怎样描写与藤野先生依依惜别的深厚情谊？

讨论后明确：藤野先生听说作者不学医，并要离开仙台，甚感"悲哀""凄然"，他"叹息"，并赠照题词"惜别"，还希望作者回赠照片，并常来信告诉他状况。这些记叙和描写将作者与藤野先生依依惜别的深情生动具体地反映出来。先生对鲁迅这种毫无民族偏见的深情，鲁迅是终生难忘的。

小结：文章以作者与藤野先生的交往为叙事线索，写了与藤野先生的相识、相处、离别，赞扬了藤野先生正直、热忱、没有民族偏见的高尚品质，写出了师生之间依依惜别的深情，表现了师生之深厚而真挚的感情。

设计意图：扣住作者与藤野先生交往这条明线，通过典型事例来分析人物形象，了解藤野先生正直热忱，治学严谨，没有民族偏见的高贵品质。

（五）体会感情

1. 本文的题目是《藤野先生》，但课文中却有一半以上的篇幅没有直接写藤野先生，请同学们认真读课文，想一想，这些没有直接写藤野先生的语段都写了什么内容？

生："清国留学生"赏樱花、盘辫子、学跳舞，匿名信事件，看电影事件等。

2. 这些内容与写藤野先生有没有联系？有什么联系？

生讨论、师引导并归纳：

（1）"清国留学生"——交代了作者离开东京去仙台见到写藤野先生的缘由；

（2）日本"爱国青年"——反衬日本藤野先生正直无私，没有民族偏见的品质；

（3）弃医从文——写作者与藤野先生告别的直接原因。

3. 品味语言，体会作者的思想感情。

（1）讨论：作者是怎样描写"清国留学生"的，找出你最喜欢的句子读一读，并谈谈你喜欢的原因。

①作者抓住"清国留学生"的主要特征——将长辫盘在头顶，来描写他们的不男不女、不伦不类的丑恶形象。

②用两个贴切的比喻，"形成一座富士山"和"宛如小姑娘的发髻"，加上"油光可鉴"，生动形象地描绘与讽刺了"清国留学生"的奇特打扮。"还要将脖子扭几扭。实在标致极了。""实在"是"的确"的意思，"标致"是"漂亮"的意思，用"实在"修饰"标致"，说思想腐朽的"清国留学生""的确漂亮"。这是反语，强有力地讽刺了这些顽固维护清王朝统治的"遗少"，强烈表达了作者对他们的极端憎恶的感情。

③"东京也无非是这样。""无非"是"只不过"的意思，表达了作者对东京""清国留学生""的憎恶、失望和不满。

（2）从东京到仙台途中，要写的内容是很多的，作者为什么只写"日暮里"和"水户"两个地方？用意何在？

生讨论，师归纳：

"日暮"有"日暮途穷"之意，触发鲁迅对社会黑暗的忧愤之情，所以记得；"水户"则是至死反抗清朝的朱舜水客死的地方，作者这时也正身居异国他乡，对这样一位具有民族气节的学者自然会产生仰慕之情，因此也记得。这样写是为了表达作者爱国主义的思想感情。

4. 作者为什么要弃医从文？

生讨论，师归纳：

"匿名信"和"看电影"这两件事深深地刺激了鲁迅。"匿名信事件"使作者深感弱国弱民倍受歧视的悲哀，激发了作者强烈的民族自尊心和拯救民族、富国强民的愿望。"看电影事件"使作者深感医学只能解救病人肉体上的苦痛，要真正解救自己的民族首先要医治中国民众愚昧、麻木的精神，唤醒民众的觉悟。鲁迅将个人的志愿与祖国的前途命运紧密地结合在一起，充分体现了强烈的爱国主义精神。

找出饱含作者强烈思想感情的句子读一读，体会一下作者当时的情感。

（1）"中国是弱国……也无怪他们疑惑。"用这样的反语来表达作者的自尊心所受到的创伤，思想上所受到的极大震动以及改变志向，弃医学文的决心。

（2）"他们也何尝不酒醉似的喝彩"，"何尝"与"不"连用，以反话的语气来加强肯定，说明"他们"无一例外地是这样的幸灾乐祸，麻木不仁，强烈地表达了作者对在三座大山长期统治下的人们精神麻木的痛恨。

5. 最后一句话中的"良心发现""正人君子"分别是什么意思？这句话表现了作者什么样的情感？

生讨论，师归纳：

"良心发现"：作者热爱祖国、勇于斗争的思想受到了触动；"正人君子"：那些为军阀等统治阶级服务而又自命为"正人君子"的反动御用文人；整句话的意思是：作者决心以笔作刀枪和反动势力斗争到底，为中国的明天继续奋斗。这种把与藤野先生的深情厚谊和作者的爱国思想融合在一起，把对往事的回忆与现实的斗争融合在一起的结尾，概括了全文中心思想，深化了主题，加强了文章的批判性。

小结：鲁迅去日本留学的目的是什么？他为什么离开东京？他为什么学医？又为什么弃医从文？这些都表现了鲁迅怎样的思

想感情?

明确:作者用爱国主义的思想统领全篇。文章开头写对东京的"清国留学生"的失望、厌恶,是作者爱国的一个表现;在往仙台途中记得日暮里、水户,这是作者爱国的又一表现;对日本"爱国青年"表示愤恨,是由于他们看不起中国人;看电影之后毅然决定弃医从文,更是出于爱国的考虑;最后把怀念之情变为多写反映黑暗现实的文章,则是当年弃医的目的,是爱国的实际行动。可见,作者的爱国主义思想感情是贯穿全文的另一条线索,是暗线。

设计意图:紧扣作者强烈的爱国主义感情这条暗线,从事例入手,引导学生领会鲁迅的爱国之情。

(六)课堂总结

通过这堂课的学习,你有哪些收获?在学生回答的基础上,教师用四句话归纳本节课的内容:外貌展内涵,事例现品质,改志为救国,惜别见真情。

设计意图:对本课的学习进行总结,加深学生对文本的感悟和理解,培养学生的表达能力。

(七)布置作业选取几个典型事例来表现一个人的品质(可以是你的同学、老师等)。

设计意图:学以致用,学习通过典型事例揭示人物品质的写法。

八、板书设计

设计意图:设计板书,体现了文章的写作思路,老师的教学思路,学生的学习思路。让学生清晰地理解作品的结构层次、思想感情,把课文内容浓缩于板书,让学生获得感性认识。根据板书,有序地开展教学活动,把握课堂教学动向。

从上述的案例可以看出，这份教案设计得非常详细，课前老师做了非常充分的准备工作，考虑到了课堂教学的每一个环节，并能够在教学安排中突出以学生为本位的思想，安排了一系列倡导自主、合作、探究的学习方式，以便充分激发学生的主动意识与进取精神。因此，认真备课，学会备课，是成长为一名专家型教师的必由之路。

当然事情并无绝对，专家型教师在真正胸有成竹以后，教案可能就无需那么详尽。因为他们有非常丰富的经验，和手到擒来的教学方式可以使用，所以他们不必规规矩矩地从第一步开始写起。他们有时候只需要画龙点睛地写几句就可以撑起一堂可以成为示范课的课程，不过这可能不符合教案书写规范，当然这又是另外一个问题了。

另外，专家型教师备课还有一个特点就是他们会"脑背"，这个相当于我们写文章时候的打腹稿。他们会时常思考，就像欧阳修曾对谢绛说："我平生所做的文章，多半在'三上'完成，即马上、枕上、厕上。"他们会充分利用零散时间，用最少的时间，达到最优的效果。他们会常常在脑海中进行预演，即某种教学计划或者教学方式在使用时，学生会有什么反应，效果会不会好，然后会准备一些预案，这样在真正课堂教学时，不管发生什么样的情况，他们都能够及时进行调整，从而达到最佳的教学效果。

所以，有时候当我们发现一个教师书面教案很简单的时候，那可能是因为他们脑海中的"课程计划"非常丰富。当一个新手教师还不具备在头脑中做课程计划的能力时，还是需要把这些东西多多落到纸面上，这就是所谓的好记性不如烂笔头。

一般教师或者新手教师在教学时，经常会犯的一个错误就是常常会把教与学两者割裂开来，有时候甚至是对立起来。课堂上就是单纯地听和讲、问和答，慢慢就变成了教师只负责输出，学生被动接受的模式。但是专家型教师的做法就不是这样，他们通过自己的课程设计，可以让这个过程变成一个以学生为主体进行探索性学习，学生积极主动参与全过程的活动。让学生因对教师的"教"感兴趣而"学"，把"教"渗透到"学"之中，把"学"体现在"教"之中，让学生自然而然地在"学"中参与教师"教"。

二、以人为本，进行课堂设计

通过观察专家型教师的课堂设计发现，一份有效而精彩的课堂设计，出发点通常不是教书，而是教"人"，这个问题我们在前文中也有所提及。专家型教师的课堂设计是以引导学生主动学及自主探索问题为主，让学生在学习的过程中掌握发现问题、解决问题的方法，从而达到教育的真正目的。

进行课堂设计时，首先得了解授课班级学生的学习背景以及学生在认知、情感等方面的发展情况，了解学生以往学习常用的方法以及现有的学习习惯，才能针对学生提出行之有效的教学方法和指导意见。

专家型教师的课堂设计，学生必然是居于主体地位的，所有的设计环节都立足于引导学生主动探索，利用已有的知识和经验，探寻新的方法，形成新的思想，掌握新的知识，成为课堂学习活动的主要参与者，而老师则扮演一个组织者的角色。

所以要想成为一名专家型教师，在编写教案时就要突出学生的主体地位，从学生的角度出发，应该多考虑一下，学生会怎么学，学生会怎么想，学生能怎么想，学生可能如何回答等，针对这些问题再来考虑教师应该怎么引导学生，然后再据此进行课堂设计，并要考虑到课堂可能会发生的特殊情况，制订出应对策略。有老师曾经总结出教学设计的一个"四性"原则，即前瞻性、灵活性、实效性和可行性。前瞻性原则就是要求教学设计必须以先进的教学理念为指导，将先进的教学思想、教学方法引入课堂，不能固步自封、墨守成规，也不能闭门造车、主观臆断。只有充分体现教学理念的前瞻性，课堂设计才能更好地调动学生参与的积极性，才能更好地提高学生的综合素质，培养个性特长；灵活性原则是说教学设计不是一成不变的，任何人都不可能找到万能的教学模式。针对不同的课型、不同的学生、不同的教学条件，教师要进行不同的教学设计，即努力使特定情况下的教学各环节达到最合理的匹配；实效性原则是强调教学设计无论形式多么新奇多样，都务必讲求实效，因为追求高新优质的教学境界是教师教学的根本目的；可行性原则则指实际教学设计必须与学生的现有水平及教学环境相适应。否则，无论教学者的教学理论多么先进，教学水平多么高，都不可能达到预期的效果。

从这"四性"原则，我们不难看出，教学设计多是从学生"学"的角度出发，并能做到与时俱进，与各方面条件相适应。另外，我们也能从一个侧面发现，好的教师都是善于总结工作经验的。

教师的教学设计其实就是更好地实现教学目的向教学目标的转化，制订好教学目标是教学设计中至关重要的环节。教学目标不应是对教学目的的简单处理，而应该是结合学生实际进行综合考虑的结果，下面让我们通过一位老师对自己教案的修改过程，看看其是如何制订教学目标的。

【案例】

教学目标的制订（教学案例）

课题：实验室制氧气

教学目标

1. 记住实验室制取氧气的药品、原理；

2. 了解催化剂的特点及作用；

3. 实验室制氧气发生装置和收集装置的选择依据；

4. 氧气的验满，氧气的收集方法。

课后反思

只是把这节课该掌握的各个知识点作为教学目标罗列出来，导致课堂上只关注本节课的知识点有没有讲完，对于学生掌握了多少、掌握的程度怎样，不能做到及时地了解；导致下一堂课的起点没有把握，使得学生掌握的知识容易出现断层，这样学生就会出现困惑。可是大多数学生都习惯于依赖老师，老师不讲解他们就会将问题束之高阁，这也许是学生不能把知识点形成知识网的原因。由于学生的整合意识、整合能力没有得到训练，积极性、主动性没有得到加强（这是单维目标造成的），知识也就不能转换成智慧、技能。

感悟

只描述了知识目标，通过什么样的活动或方式让学生掌握却没有表达，在制取氧气过程中能培养学生怎样的实验意识或实验素养也没有说明。即教学目标的表达不能体现"三维目标"的整合，致使教师的课堂教学因缺乏理论指导而显得枯燥，学生的学习积极性不高。有时"三维目标"虽然写在教案上，但是知识与技能、过程与方法、情感态度与价值观是分列式呈现的，后面的教学过程没有体现出整合，三维目标成了摆设，失去了它对教学过程的指导作用，教学目标、教学过程呈现两张皮。在化学教学中，注重"三维目标"的落实，即以知识与技能学习为载体，设计合理的教学活动，同时要注意激发学生的学习兴趣，培养学生的情感、态度与价值观。

教学目标修改

1. 通过学生回忆并主动介绍有关氧气的知识，引出新课，让学生产生认知冲突，调动学生学习新知识的积极性。

2. 通过学生思考、讨论用哪些物质或哪些方法能获得氧气，从而让学生了解制取氧气必须用含氧元素的物质做反应物，建立元素守恒观。再根据最优原则选出实验室制取氧气的药品。

3. 通过实验探究对比，分析出实验室制氧气时要加入二氧化锰做催化剂，从而了解了实验室制氧气的原理以及对催化剂的认识。

4. 从学生了解的最常用的反应容器——试管开始，慢慢引导，最后选出实验室制氧气的发生装置，通过对发生装置的分析，得出装置中长颈漏斗和导管的正确使用方法。

5. 通过师生共同分析收集气体的原理，让学生小组讨论总结出选择某种收集方法时气体应该具备的条件。再根据学生已有的有关氧气的知识，得出氧气的收集方法，使学生更加明确选择收集装置的依据。

6. 通过设置练习题，让学生观察、选择不同的发生装置，从而明确选择发生装置的依据。

7. 通过视频演示制取一瓶氧气的操作过程，让学生体会实验室制取气体的步骤、注意事项。重点引导学生分析如何检查装置的气密性，如何验满。

修改后反思

不仅描述了知识目标、学生活动与学习方法，还能让学生在头脑中建立守恒的观念。这样的教学目标不仅能体现"三维目标"整合，还能改变教师的课堂教学观念，指导教师在教学设计时做到以人为本，调动学生的积极性，培养学生的科学素养。

三、不可忽略的课后教导工作

下课，绝不意味着教学活动的停止，它只是改变了活动的方式，学生转入了以独立完成作业和自学为主的学习活动，教师则对作业和自学进行教育与辅导。其目的是让学生个人消化、运用和巩固课堂所学的知识技能，以发展他们的智能，为学习下一节新课做好准备。如果只重视课堂教学，不重视学生的作业、自学情况，未尽到教师督促、辅导的义务，学生往往不能消化与运用课堂所学知识，何况学生初步掌握的知识还有遗忘的可能。所以一个有经验的老师，除了课堂教学以外，绝不会忽略课后的教导工作。

学生的课后作业与自习确实应由学生独立完成。它不仅要求学生独立领悟、消化和巩固知识，而且要求他们能够独立计划和实现自我监督。可是学生年幼、天性爱动、好玩，缺乏自控能力，常在学习上打乱仗，不能按时完成作业。所以为了使学生做好作业，首先要重视做好学生的思想教育工作，它包括以下几方面：

1. 培养学生制订学习计划，及时复习当日功课，按时完成作业的习惯。

2. 经常教育和督促学生抓紧学习，防止怠慢与松懈。

3. 了解学生完成作业的情况，是否依赖父母或同学完成作业？是否有时间保证？学习环境怎么样？发现问题是否及时解决？

4. 与家长共同协商督促与教育学生的办法。

另外，还需要做好对学生的辅导工作。这项工作内容显得比较庞杂，包括由教师对学生进行集体或个别的辅导与补课；或者借助家长或优秀学生，对学习困难的学生给予必要的帮助，包括组织学生组成一对一的学习小组；还有就是发挥课代表的作用，及时向同学提醒有关作业的要求，了解他们的需求，并与任课教师沟通、研究，设法给予学生帮助。

第二节　在实战中形成个人的教学风格

教学风格指的是一个教师在教学实践过程中，其教育思想、个性特点、教育技巧独特和谐的结合和经常性的表现。教学风格的形成是一个教师在教学艺术上趋于成熟的标志。因此专家型教师都有着自己极具特点的教学风格，在课堂上他们有的诙谐幽默，有的诗情画意，有的激情饱满，有的旁征博引，有的逻辑清晰，他们各自的教学风格既能使教学达到更好的效果，也能成为自己独特的标识。

虽然不是每一位教师都能成长为专家型教师，但是每一位老师一定都有形成自己独特教学风格的愿望。事实上，一个无任何特色的教师，他教育的学生也不会有任何特色。这就像世界上没有两片完全一样的树叶一样，每一位教师都有自己独特的教学风格，只不过有的外露一些，有的含蓄一些，有的豪放一些，有的婉约一些。其实就像文无第一的说法一样，风格本身是难以区分高下的，但确实存在一个凝练形成的过程，那么如何形成自己的教学风格，或者说如何使自己的教学风格逐渐明晰起来呢？

众所周知，一位教师从入职之初，到教学逐渐成熟，直至形成自己独特的风格，总有一个发展过程，这个发展过程是一个人的个性和教学特点慢慢结合的过程。这个发展过程可划分为几个阶段，每一个阶段都会凸显出不同的特点。

一、入职之初的模仿阶段

入职初期是每个职场人都会经历的阶段，教师也不例外。这个阶段是教师教学风格形成的起始阶段，最突出的特点可能就是模仿，从语言运用、教学仪态、板书设计等都可能会去模仿。但是，模仿并不等于简单搬用，必须学会提炼，能够取其精华。

新手老师由于缺乏实战经验，对课堂教学的规律和特点还不够了解，对于学生的各种情况也还属于摸索阶段，因此这个阶段的老师难免会有较多模仿行为。虽然说模仿是必要的，但是如果想成长为一名专家型教师，就不能只是简单的照猫画虎，应该在借鉴他人经验的基础上，结合自己的实际，认真进行分析和思考，选择适合自己的部分,进行不断地调整和充实,然后逐渐摆脱模仿，慢慢形成和建立自己的风格。

需要注意的是，如果想要在职业道路上有所成长，要想成长为一名专家型教师，从一开始就要避免不顾自身特点和自己所处实际情况，对别人教学经验进行简单地照搬式模仿。一定要根据自己的性格特点、任教科目、学生情况等进行思考。

二、个人风格渐渐显现之时

当一位教师入职三五年，或者五六年后，自己的教学风格就慢慢显现了，这个阶段是教学风格形成的关键时期。在这个时期，通过不断地实践、思考、总结，教师基本上开始走出别人的影子，开始用自己的语言、行为方式和方法开展教学活动，逐渐形成自己特有的教学风格。

伴随着教师教学工作经验的不断积累，逐渐摆脱模仿别人套路的束缚，开始逐渐进入了自我展示的阶段。这个时期的教师已经开始进行有目的性的课堂教学方式的研究，可能已经开始研究什么样的表达更有效，什么样的提问更有引导性，什么样的板书更有概括性？处于这一阶段的教师，教学已经非常自如，灵活性极大增强,慢慢有了自己的教学特点,这个时候需要注意以下几点,从而尽快凝练出自己个性鲜明的教学风格。

（一）注重教学中个人性格优势的发挥

按照心理学家的观点，一个人的个人性格特征具有稳定性，虽然也可能会因一些原因发生变化，但是总体表现很难改变。所谓"江山易改本性难移"，说的就是这个道理。所以，教师在凝练自己教学风格时，一定要注意根据自己的性格特征进行培养，不能违背自己的本性。如果有的老师口头表达能力好，想象力丰富，情感充沛，善于形象思维，是一个性格外向的人，那么这个教师就该向充满激情的表演型教学风格发展。如果有的老师性格沉稳，不善言辞，但是逻辑思维能力强，那么他就应该发扬沉稳理智的教学风格，或者主攻科研。如果不顾自身特点，那很可能事倍功半，得不偿失。

（二）敢于打破传统，积极创新

在现实生活中我们可以发现，有不少教师虽然有时间不短的教龄，按常理说也有比较丰富的教学经验，但是在多年的教学工作中却没有什么可圈可点的特色，造成这个现象的一个重要因素就是他们把同一节课重复上了十几年，没有常上常新，没有创新意识，也没有与时俱进，十几年的教学一直处在一个简单重复的模式之中，没有进步和成长。所以，要迅速成长，就要学习新的教育教学理论，善于发现传统教学模式的某些弊端并加以改进创新，重新组织自己的教学思路和方案。

当然想要形成自己特色鲜明、辨识度高的教学风格，仅仅依靠创新精神是远远不够的，实践永远是检验真理的唯一标准。只有不断探索、不断实践，把自己的想法、思路、方法应用于教学实际，不断试错、不断调整，这样才能使自己的教学工作迈上一个新台阶，才能更快地形成自己特色鲜明的教学风格。

三、教学风格成型之刻

这个阶段的教师已经能够非常自如地结合自己的个性特点来设计课堂教学方式，或者以自己某个比较突出的特点为切入点，有的放矢，发展自己的教学风格，进入个性化教学阶段。

这个阶段的教师，从内容到方法，从讲授到板书，从课堂提问到作业布置都融入了自己的个性特点。而且这个时期的教学风格事实上是经过了实践反复检验的，经过不断检验、修正延续下来的教学模式和教学方法肯定是有利于达到教学效果的并且具有一定的艺术性。这个阶段教师的课堂风格已经反映出一定的审美风貌，使人能够较明显地体会出教师教学的"韵味"。

这一切标志着教师已成长为一名成熟的教学艺术家。这时，教师的教学已经不拘一格、不限一法，达到炉火纯青的地步。他们对于教材的理解、方案的设计、教学节奏的编排、课堂活动的组织等都已经非常自如，可以"随心所欲而不逾矩"。

这个时候，教师的教学风格已经可以渗透到教学的每一个环节，从教案设计到课后辅导，每一环节都有他特别而稳定的风格体现，这些浓重的个性风采，也成为他们深受学生喜欢的原因之一。如果你进入处于这个阶段教师的课堂，就会发现上课是一种享受，那是一次艺术性和科学性完美结合的体验。学生越是喜欢，教师的主动性就会越高，教师就会更加积极地进行总结和思考，使教学方式不断提高改进，从而使得教学质量和效果不断提高，教师的个人风格又会被进一步强化，这样就进入了一个教学风格和教学效果相互促进的良性发展模式。

上述每个教学的发展阶段都各有特点，是每个教师成长过程中可能都要经历的过程，只不过有的教师早些经历，有些教师晚些经历，有些教师可能到了某一阶段就没有继续前进。想要成长为一名专家型教师，必须思路清楚，每一步要能抓住机会，因势利导，使自己尽快成长。

下面让我们通过一位教师的亲身经历，来感受一下教师的成长历程。

【案例】

我于 2000 年毕业于河北师范大学历史系，毕业后进入某中学工作，执教十年的点点滴滴见证了我成长的历程，总结如下。

（一）注重积累，沉寂蓄势

2000 年毕业后，我应聘了某中学的历史老师，工作第一年学校一般不安排新老师当班主任，这种制度为我钻研教材，夯实专业基础提供了大量时间。有些老师把这宝贵的时间用在玩网络游戏，看电影，搞聚会上，而我把大量的时间用在备课上，经常是八人的办公室只有我一个人在挑灯夜战。我第一轮高中三年的笔记，一章的教案几乎就相当于有些老师一学期的教案。我把课本先背会，教参包括资料解释我几乎是一字不落抄写一遍，这样教材的深度和广度我就能做到心知肚明，教参忽略的细节我一一上网查找清楚，还有疑问的，就请教老教师。

正式上课之前，单纯的知识教学已不成问题。为了减少自己初为人师的青涩，我的教案把我上课要说的话几乎一字不落地先写下来，然后再背会，上课就会显得十分熟练，学生信服度高。充分的准备减少了作为新教师的紧张，而学生的认可更给我带来了自信。

历史的教学除了知识的教授外，还承担着对学生人生观、价值观的教育，而作为副科，增加趣味性就显得十分重要。所以我要求自己，学生知道的知识，自己要知道得更深、更多；学生不知道的自己要知道。为此我经常在图书馆查阅资料，经常买书开阔自己的眼界，经过长期的积累，知识丰富多了。有真才实学的老师是大部分学生喜欢的老师，学校的评课、学生的测评，我经常名列前茅，连续三年获得青年优秀教师称号。

（二）学习他人，保持个性

学校有一项很好的促进新教师成长的措施：师徒结对，就是学校在本学科为青年教师找一位学识丰富、品德优秀的老教师作为其师傅，老教师负责听新教师的课，检查其教案，帮助新教师快速成长。有的青年教师不理解学校的良苦用心，没有认真对待，错过了一条成长的捷径。我的师傅，也是我一生感激不尽的老师——陈光远老师，对我的成长影响颇深。陈老师是 20 世纪 70 年代南开大学历史系高才生，学识渊博，在学校德高望重。虽然已有近 30 年教龄，陈老师还经常和我探讨问题，让我知道学无止境；陈老师为了锻炼我，考试题让我单独出，然后他再审查，帮助我站在更高的高度看待教学；陈老师让我多听课，听同科所有老师的课，听学校其他学科优秀教师的课，使我的教学生涯一开始就正站在这些"巨人"的肩膀上，少走了许多弯路。

有的老师上课激情四射，有的老师上课风趣幽默，有的老师慢条斯理但字字沁入心脾。这些特点我都想拥有，但不可能。到底学什么呢？我知道模仿别人，永远不会超越别人。只有真正适合自己，才能形成自己独特的风格，体现自己鲜明的个性，也才会得心应手，才能长久地坚持下去。我要做到尽量发挥自己的优势：语言表达能力强，专业知识扎实。虽然幽默感和激情不足，但可以让学生来表达或表演；利用自己善于谈话，做思想工作的优势，用细心和爱心拉近与学生感情的距离，让其"亲其师，信其道"，所以我的课堂气氛活跃，师生互动良好。

（三）抓住机遇，创造成功

2007年3月，我遇到了人生的一个契机。2007年将举行全国历史优质课比赛，通知下发到学校，其他同科老师都嫌太麻烦，组长曲线龙老师把任务给了我，我欣然接受，我觉得这个机会太难得了，虽是挑战，但更是机遇。此次比赛要经过层层选拔：邯郸市第一名才能参加河北省比赛，河北省第一名才能参加全国比赛，而要在全国比赛获奖更是难上加难。此次比赛历时4个月，正好是一个学期。

本来我接到曲老师通知时，时间已经耽搁了很多，而由于学校的疏忽，没有通知我去抽签，没人选的最难讲的一节课给了我，但我没有抱怨。我想，最难的课如果讲出水平来，远比好讲的课得分会更高。准备工作纷繁而复杂，我经常熬到深夜，细心揣摩，认真拿捏，生怕有一丝一毫的问题。充实材料，精炼语言，设置互动，体现亮点。比赛的时间到了，我胸有成竹，一节课旁征博引，讲解精彩。下课后，当学生围着我问这问那时，我觉得我成功了。

如我所料，我作为邯郸市代表参加了河北省比赛，难度增加，当场抽签，一晚上准备时间，考验功底的时候到了。我抽的是一号，准备时间最短，平时的积累就显得格外重要。我想好框架，何时互动，何时讲解，难度把握好，知识点讲解清楚，两天的比赛下来，很多认识的老师觉得我讲解得最好。北师大教授点评时我才知道，其他老师都有知识点的错误，而我没有；其他老师课堂气氛没有我调动得好，我又胜利了。

接下来准备全国比赛的过程更加艰辛，学校教研组、市教委、省教科所的教师和专家在听了我的试讲后纷纷给我提出了许多建设性意见，我在反复修改的过程中使课程臻于完美。

7月，长春的天气也是那么炎热。我的心更是焦灼，这次抽签我是最后一个。两天是那么漫长，我上课的学生已经听了两天的课，其中还有重复的内容。怎么才能吸引他们？我趁他们中午休息的时间，观察了他们的性格，又从他们班主任处要了名单，记住了几个活泼调皮的孩子。上课的开场白，我首先代表所有老师谢谢同学们的配合，又形容这节课是黎明前的黑暗，他们都笑了；然后我简单介绍了历史文化底蕴深厚的邯郸（得益于我参加了地方文化的课题），吸引了他们的注意力。积极性调动起来后，我游刃有余地完成了授课。我得到了梦寐以求的一等奖，也创造了邯郸市历史课教学的新辉煌。

机会总是垂青于有准备之人，知识越丰富，成功的可能性越大。平时积累的一个小细节，在关键时刻会发挥举足轻重的作用。所以一旦机会来时，不能轻易地让它溜走，一定要抓住它、握紧它，不断达到新的高度。这时，你就会有新的发现，每一次都有一种脱胎换骨的感觉。

四个月的历练，让我知道一节好课付出的艰辛，让我知道学无止境，让我知道付出才有所得，更让我开阔了视野。经过与全国高中历史教师的对决，我的心理素质提高了，这三次比赛使我终生难忘，也是我一辈子的财富。

成功激发了我的斗志，更增强了我的自信心。我相信接下来的路我会走得更好。

（四）没有当过班主任的教师不是真正的教师

班主任的工作是学校工作中分量最重的，也是最累的。对每个孩子的安全、学习情况、心理状态，甚至家庭情况都要心中有数。管理60多个未成年人，主要靠说教来让学生遵守校规校纪，可行吗？又一个考验开始了。

2002年，学校任命我当班主任，一个新的领域等待着我的探索。尽管我做了充分的准备，但面对性格、经历、成绩迥异的 60 多个鲜活的生命，我还是有些手忙脚乱，但这是我的第一个班，我下定决心，一定要干出名堂。我早来晚走，全身心投入，和学生打成一片，让各项制度得到落实，教学教育各项活动开展得有声有色。2003 年分文理科，我成了新组建文科班的班主任，学生来自全校 16 个班级，他们学习基础差、习惯差，各班不同的风气都带到了新集体，一时难以扭转，挑战更大了。反复的说教无济于事，我开始严格要求他们。但严厉虽然带来了班级的稳定，但没有走进学生心里。肖波校长告诉我，学生喜欢有爱心的老师，但更喜欢有宽容心的老师，学生受教育的过程就是纠正错误的过程，违反规律急于求成，会适得其反。好孩子谁都会爱，会爱有问题的孩子更能体现真正的教育，谆谆教诲让我至今收益。

如今我再当班主任，心态平和了许多。学生就是孩子，孩子就会犯错误。班主任的话也不是圣旨，不要奢望通过一次教育学生就会幡然醒悟。教育是过程，是一个长期的过程，需要耐心和爱心。我真正感觉到教育是心灵的艺术，就是"以人格引领人格，以心灵赢得心灵，以思想点燃思想，以自由呼唤自由，以平等造就平等，以宽容培养宽容"。通过不断学习教育教学理论，用理论再指导实践，不断地摸索，我获得了优秀班主任的称号。我想只要愿意学习，我会逐渐领悟教育的真谛。

（五）干得多，才能进步大

在学校，我是班主任，是学科组长；在家庭，我是四岁孩子的妈妈，困难可想而知。但挑起了重担，真正做了这些工作，我的成长比一起分配来的教师快了很多。干得多了，我养成了制订计划的习惯，养成了抓住点滴时间的习惯，学会了协调，懂得了管理的艺术，虽然有时感觉很累，但坚持下来后，体会到收获的幸福。

以上是我个人成长的经历，一路走来得到了很多人的关心和帮助，在这对所有关心和帮助过我的人说声谢谢。特别要感谢的是我工作和生活的学校，是她给了我成长的舞台，是她让我充满了希望。

没有付出就没有收获，"青春因磨砺而出彩，人生因奋斗而升华"，要想成长，想形成自己的教学风格，就必须经过实战的打磨锤炼，除此，别无他法。

第三节　把创新当成一种习惯

穆勒曾经说过："此刻一切完美的事物，无一不是创新的结果。"人们如果失去了探求真理的勇气，那么这个世界就会失去生机和活力，终将在沉闷中灭亡。因此要想成为一名专家型教师，就如我们前文所说的，一定要有创新意识和创新能力，要自觉培养自己具备这样的意识和能力，要学会把创新当成一种习惯。

何况现在已经进入一个后喻的时代，学生们已经不再是单纯的知识接受者，他们有自己的思想，见多识广，思维活跃，本身就有很强的创新意识，而且他们没有太多的权威思想，敢于挑战，不惧发问，如若老师自身没有一点儿创新意识和观念，是难以承担教育他们的责任的。

一、教师要养成创新思维

当代社会发展需要创造型人才的不断涌现。教师对于学生创新精神和意识的培养及其创新素质和能力的提高都有直接的影响。如果教师没有创造力，他培养出来的学生就很难创造性地为未来社会服务。教育家和教书匠最大的区别就是，教育家有一种追求卓越和创新的精神。一个优秀的教育家，他应该是一个不断探索、不断创新的人，应该是一个教育上的有心人。专家型教师应该是艺术家，是创造者，而不是照本宣科的传声机，也不是简单复制的复印机。

创新意识、创新精神和创新能力是专家型教师应当具备的素质。在不断变革和发展的教育过程中拥有提前预判的能力，面对随时可能出现的新思路和新方向，具有快速洞察、准确把握的能力；做行业的智者，做到把握时机，因材施教；遵循科学规律，勇于提出问题和思想创新，在工作中不断尝试新的模式、方法和内容；积极研究，通过实际工作不断检验创新的模式、方法和内容。把创新思维与实际工作相结合，形式自己独特的、创新的"专家型"风格。

李吉林老师生前曾任教于南通师范第二附属小学，是江苏情境教育研究所所长，著名儿童教育家，情境教育创始人，荣获全国先进工作者，全国劳模，全国三八红旗手，全国五一劳动奖章等称号。她创立的情境教育在理论建构上形成了"形真""情切""意远""理寓其中"四个特点，为语文教学科学化探索出了一条有效的途径，而且提出了一种新的教学观和教育观，开拓了教学理论与实践研究的新视野。

下面让我们从李吉林老师探索情境教育的历程中，感受一下专家型教师是如何提高创新思维并结合工作实际进行实践探索的。

40 年情境教育创新之路

1978 年，改革开放的春风吹遍了祖国大地，吹进了校园，让我翻开了情境教育创新的第一页。没想到，这一个主题，从 40 岁做到 80 岁，整整花了 40 年的时间，连我自己也感到惊讶。

时代催人奋进，勇当改革的弄潮儿

1978 年秋季开学，我向当时的江苏省南通师范第二附属小学校长周琪提出从一年级教起，弄清小学语文教学的来龙去脉，周校长非常支持我。开学一个多月，我被评为首批特级教师，压力变成了改革的动力。

不到一个月，市教育局派人通知我，要我去南京参加"江苏省教育学会成立大会"，还特别叮嘱我携带论文。坦白说，我虽然发表过一些文章，但论文却从来没有写过。陌生给我带来了畏惧，我真不知道该写什么，也不知道该怎么写。苦恼中我联想到不久前在《光明日报》上读到的上海师范大学"三女将"关于"发展智力"的报道，新鲜的主题一下子吸引了我。我想，智力发展，不就是我特别重视的把孩子教得更聪明吗？于是，我借来《儿童心理学》，那是一本薄薄的书，我一边读一边联系自己曾经积累的教学经验和现在教一年级语文的感受，苦思冥想，花了一个多月，前后写了 5 稿，终于完成了论文，题目是《在小学低年级语文教学中怎样发展儿童的智力》。

我怀着忐忑的心情去南京参加会议。没想到，开会前一位处长通知我，要我在大会上宣读这篇论文，我诚惶诚恐。这是南京师范学院教授张焕庭在预备会上推荐的，他指出这是当时第一篇关于智力发展的论文。我战战兢兢地走上主席台，发言竟然反响热烈，休息时许多领导专家都围拢过来祝贺我、鼓励我。南京市文教卫主任朱刚又请我到南京大会堂给全市教师介绍，结果很受老师们的欢迎。消息很快传出，我途经上海回南通，上海市虹口区教育学院又请我去讲。接着《江苏教育》杂志分上下两期全文发表，论文又吸引了不少读者。

几个月后，我遇到中学的外语老师蒋兆一先生。蒋老师对我说："你论文中介绍的训练语言的方法，对我们外语教学也有帮助。"蒋老师还告诉我："外语学科里有一种'情景教学'方法，你可以试试。"他让我看这一期《中小学外语教学》。我第二天便到教师进修学校借来这本杂志认真读起来，还联系斯大林语言学里阐述的内容进行分析，积极进行初步借鉴。

1980年暑假，我又接到去大连参加"全国小语会成立大会"的通知，又要携带论文。我把新的认识写到论文中，题目是《把训练语言与发展智力结合起来》，没想到这篇论文获得一致好评。《光明日报》记者采访了我，不久《中学语文教学》杂志也发表了我的这篇论文。

改革开放是催人奋进的年代。短短两年时间就让我强烈地感受到，时代正在召唤着我，我就像一名新战士听到令人振奋的军号，意气风发地大步前进，勇当教育改革的第一批弄潮儿。

发现教育现实的弊端，创新从这里起步

"创新"这个具有时代气息、充满生命力的词语，显示着高远的目标，唤醒人们蕴藏的潜在智慧。我意识到，这是改革开放不可忽略的课题。

创新需要智慧，还需要责任心把意愿衍化成行动，这就决定了创新者需要付出艰苦而持久的劳动。学龄初期是儿童口头语言向书面语言发展的关键期，语文教学应该促进儿童语言的早期发展。我深思熟虑，提出小学作文"提早起步，提高起点"的新观点。这时，我从外语教学中的"情景"联想到古诗里经常提到的"意境"。于是，我常常独自一人去实地优选意想中的观察客体。

学校周围的田野上、田埂上、小河边、树丛里都有我的身影，为了看日出，我半夜起床，黎明前站在北濠桥上等待朝阳升起，精心优选情境设计方案，安排好观察程序，考虑好启发性的导语。我带着孩子们走出封闭的课堂，孩子们睁大眼睛看着这五彩斑斓的世界，发现世界竟如此美丽、神奇。我觉得，我仿佛把孩子带进了"天赐的智库"。儿童观察周围世界获得丰富的审美感受，孩子们感动其中、激动其中，有话可说、有话要说。

就这样，我把观察与儿童语言发展结合起来，把观察与思维发展结合起来。经过两年多的探索，我先后开发了形式新颖、让孩子乐于表达的"口头作文""情境说话""观察情境作文""想象性作文""童话作文"。孩子们自己也没想到，上二年级时，江苏人民出版社出版了我们班上33位小作者创作的《小学生观察日记》。一系列教学实践的效果告诉我，课堂必须与周围世界连接，才能做到"辞以情发"。历来让多少孩子苦恼的作文，对实验班的孩子来说却成了一种快乐。两年多的辛勤浇灌，我终于获得了创新成功的第一个甜果子：小学作文迈开创新的第一步，"提早起步，提高起点"成为现实，课堂符号学习与生活连接起来。

南京师范大学资深学者鲁洁教授评论："李吉林老师的情境教学使符号的认知能够与生活连接起来，解决的是一个难题。"

令我难忘的是1980年春天，20余名上海著名教授、特级教师专程到我校，提出要听我的课。学校研究决定，让我用两天半时间开5节课。上海的专家不仅看到了我们实验班二年级孩子上的口头作文课，还看到了二年级学生书面作文的评讲课，以及3课时阅读课，展示《小白花》一课教学的全过程。这5节课，上海专家出乎意料地给予了高度评价，对我印象极好。更重要的是，我认识了上海的专家并建立了经常性的联系，获得不少学术界的新信息，这让我少走了许多弯路，让我站到了学术的前沿。

新华社记者获悉上海专家组团造访，于是赶到我们学校进行了 3 天的采访，还亲自测试我们二年级学生的作文水平，结果证明二年级学生比三年级学生写得还好，也证明了作文教学"提早起步，提高起点"的成功。不久，《人民日报》《新华日报》《光明日报》记者都采访了我，情境教学一下子走向了全国。记者对教育改革有着敏锐的观察力，他们作为新时代的鼓手，积极支持改革者，发扬改革精神，让我十分振奋。当然，这对我的改革创新也提出了新的要求。

脚踏实地继续前行，"学、思、行、著"攀上新台阶

创新之路是漫长的，绝非轻而易举的。创新体现的是一个"新"字，是史无前例的。在创新探索的过程中，我一直渴求新知，抓紧学习，努力创造。

我相信，只要脚踏实地继续前行，总会走出新路。于是，我向自己提出"学""思""行""著"的四个方略。

学习系统论时，我领悟到"结构决定效率"这个重要的带有哲学意味的要则，联想到"结构"直接关系到教学的质量。于是我明白了，传统教学效率之所以低，是因为当时的教学内容是直线的序列、单一的结构。我提出"识字·阅读·作文三线同时起步"，让语文教学三大要素之间发生作用、相互推动。结构的优化丰富了教学内容，激发了儿童学习的兴趣，显著提高了学习效率。到了中高年级，我又提出"四结合大单元教学"，系统进行了教学内容结构的优化。

于是，我收获了创新成功的第二个甜果子：运用系统论的科学原理，通过优化教学内容结构，大幅度提高教学质量。

在发展儿童的想象力，培养学生的创造力方面，我自己心中有一种紧迫感。教学现场，孩子们许多精彩发言都让我感受到他们鲜活的创造力。

这让我联想到三年前在研读《学习科学》时，书中论及儿童学习有三个特点：一是学习知识的复杂性，二是学习过程的不确定性，三是学习系统的开放性。至于"儿童的创造性"则未提及。所以我勇敢地总结出了第四个特点：催发儿童潜能的不易性，提出"着眼创新，不失时机发展儿童的想象力"，填补了《学习科学》研究儿童创造性这一空白。

30 多年的实践与研究让我收获了创新成功的第三个甜果子：通过发展想象力培养儿童的创造力，提出了相关有效的举措。专家们指出，关于培养儿童创造力，国外还没有研究成果，尚是一个"空白"领域，这也正是情境认知尚未深入研究的领域。

2014 年，我受邀参加华东师大关于建构主义的国际会议，接触到建构主义，进一步拓展了我的思维空间。我受到启发，提出课程建构的三个维度：儿童—知识—社会。在此基础上，我提出情境课程的综合目标：以德育为先导，以语文教学为龙头，各科教学协同发展。在同一个主题统领下，强化教育性，将教育与儿童活动目标整合起来，进一步把学校的符号学习与美丽的大自然和社会生活结合起来。

课程是儿童学习内容的载体，必须为儿童学习的质量着想。我又进一步充实，提出了核心领域的"学科情境课程与儿童活动结合起来"的崭新课程观，使儿童的主体位置在课堂教学中得到保证，这激发了儿童的学习动机。

直到 2007 年，我才完成情境课程的专著——《为儿童的学习——情境课程的实验与建构》，这前后整个过程竟跨越了 30 年，获教育部第四届全国教育科学研究优秀成果一等奖。

我又收获了情境教育创新成功的第四个甜果子：创造性地构建了多元的网络式情境课程，把学科课程与儿童活动结合起来。

华东师范大学教授裴新宁指出："构建情境课程网络，为国际课程发展领域注入了中国情境教育学派的活力，彰显了中国课程新流派的风采。"

早在20世纪80年代末，一位南通师专的教师建议我学学美学。我迫不及待借书获取新知，贪婪地读着。

回顾作文教学改革的初步成功，我还提出"让艺术走进语文教学"的创意，让语文教学"美"起来，大胆地在语文课堂上运用孩子们喜欢的图画、音乐、表演等艺术手段，连同鲜活的生活情境与教师的语言描绘等创设情境，让知识镶嵌在情境中。儿童在这种富有美感、生动的情境中感受语言形象，体验课文字里行间的情感。我感悟到，美的学习情境让儿童幼小的心灵得到润泽，热烈的情绪使儿童思维处于最佳状态，使他们主动投入学习活动。

我用美学理论结合教学引导自己的实践。经过反思，我归纳出在小学语文教学中进行审美教育的过程，那就是感受美—理解美—表达美（创造美）。我自觉既有新意，又有实用价值，便及时把自己的心得写下来。记得那是1980年的冬天，家里没有取暖电器，我把热水袋用棉布裹起来，放在盒子里取暖。经过一个寒冬，我终于写成了《运用情境教学，培养审美能力》的长篇论文。没想到，《教育研究》（1981年第8期）竟然发表了，文章反响不错。不久《教育研究》编辑部向我约稿，我创作了《小学阅读教学中的思想教育与情感陶冶》一文。自己的文章被教育理论权威杂志发表，我的内心十分激动，这让我感受到了一种肯定，感悟到自己创新研究的路走对了，由此更加增强了创新的信心。

我没有浅尝辄止，而是深感"美的教学"能给儿童带来愉悦，能有效地激发儿童的学习动机。由此，我提出了颇具新意的操作主张"以美为突破口"。不久，又提出"以美育美"，之后进一步提出情境教育追求"美的境界"。经过数年思考，我又提出"一个值得倡导的教学原则——美感性"。

至此我仍没有满足，最近几年学习宗白华的"美学散步"、李泽厚"情本体"。对此，我激动不已，自己的境界似乎也随之升华。情境学习的课堂是美的，儿童的心灵也是美的，教师的情感也是美的。这种对儿童心灵进行塑造的审美教育，为培养儿童核心素养、卓越品质提供了可行性。

于是，我又收获了创新成功的第五个甜果子：经过30年的学习和实践研究，我提出了一系列对儿童进行审美教育的有效主张和举措，美是永远的课题。

心存高远之志，从民族文化中寻"根"

我虽是一个小学教师，但却心存高远之志。我心想，我们不能反复去论证别人已经做过的东西，要有我们中国自己的东西。教育要走自己的路，这就必须从中国经典的文化中寻"根"。于是，我反复研读中国古代文论"意境说"，发现其博大精深，这让我看到了一盏明亮的灯，更觉得民族文化经典之珍贵。

在时代的召唤下，出于对教育创新的追求，我将古代文论经典"意境说"进行大胆地借鉴，创造性地应用于今天的儿童教育中。

我反复研读《文心雕龙》，通过精心研究，从"意境说"中概括出"真、美、情、思"四个元素，它们正是儿童发展所需要的，四个元素影响了我的儿童教育理念与教学策略，成为儿童情境学习的重要支撑。因此，我将其列为中国式儿童情境学习的四大核心元素。

回顾自己为儿童学习设计、亲授的1000多节课，我亲身感悟到，美能激发儿童的情感，在美的情境教学中，儿童普遍产生了热烈的情绪，那种遏制不住的情绪又具有形成动机的力量，使儿童学习主动性大增。在教学现场中，我深深地感觉到，儿童的学习已经发生很大的变化，不再是单调的认知活动，而是有情感伴随其中。孩子的语言、思维连同他们的身心，在其间都得到了很好的发展。

在"真、美、情、思"核心元素的影响与启发下，我终于发现儿童学习快乐、高效的核心秘密就是"情感活动与认知活动的结合"。近年来，我的情境教学又从《学习科学》那里得到了验证。《学习科学》指出，"情感活动与认知活动二者是不可分割的""二者的结合是学习的核心"。

多年来，我和教师们一直将这一秘诀运用到教学实践中。我们学校历届学生及实验班普遍学得快乐、学得高效，这让我们颇感欣慰。

功夫不负有心人。经过40年的努力，我终于一步步构建了情境教育的理论体系与操作体系。我知道，把自己实践中的感受进行系统的理论概括和提升，这是一个艰苦的过程。事物的现象都是复杂的，是千差万别的；在学习了神经科学中的"相似论"，我知道规律的东西都是简明的，因为它概括的是事物的共性。

在工作过程中，我常常反思亲身经历的一个个教学场景。我审视着它们，从一个个案例中去粗取精，从感性到理性，从个别到一般，寻找相似的东西进行总结、概括。我懂得相似的集合就是规律。基于此，我写成一篇篇心得文章。40年间，我发表文章350余篇，出版专著28部，这些都是自己一篇篇、一字字独立完成的。

我的一个目标就是，将情境教育创新的收获变成文字，表达自己的所思、所想，阐述自己的所感、所悟，让教师的操作不至于停留在经验层面的仿效，而可以按规律进行再创造，运用到实践中，实现教育的高效能，最终让更多的儿童受益。

由此，我又收获了情境教育创新的第六个甜果子：发现儿童学习的秘密，构建儿童情境学习范式，开创让儿童快乐高效学习，获得全面发展的有效路径。

说到底，探索情境教育的40年，实际上是在探索、研究一个世界性课题，那就是"儿童究竟是怎么学习的"。40年的功夫与智慧，我陆续交出了一份份答卷。

回顾情境教育发展和我个人成长的历程，我的心中充满感激之情，珍惜和感恩在心中涌动。与许多国家小学教师的学术地位相比较，我毫不含糊地说，这40年只有中国的小学教师才能登上教育科研的宽阔平台，并获得屡屡硕果，成为专家型教师。我由衷地感谢改革开放这个伟大的时代。

从李吉林老师的自述中我们可以看出，她是一个善于观察思考，善于把各种知识融会贯通的人，而且她非常勤奋，勤思考、勤实践、勤写作。所以说，创新绝不是一拍脑门就能出成果的事情，必须大胆地设想，仔细地探索，小心地求证，经过多年深耕，才可能有所获得。

二、教学处处可创新

其实人们在日常生活中常常会说到创新，本书也已经多次谈过创新，但是真正要把创新落到实处，可能并不是容易的事，这是人之常情。但只要留心，我们可以发现教学之中其实处处可以创新，下面让我们通过一些具体案例来体会一下课堂教学和班级管理过程中是如何创新的。

【案例一】

可爱的导游阿姨、鲜活的动物朋友让课堂气氛轻松愉快

在这次教学中，我扮演的是一位和蔼可亲的导游阿姨。为了更具情景化，开课前我就将自己稍做了一番装扮，穿了一套鲜亮活泼的便装，头上还戴上一顶小巧的遮阳帽，一副外出旅游的打扮。那么课堂就以"导游阿姨"带领同学们外出郊游开始，一路上我们饱览郊外"美景野趣"。此外，我们还遇到了许多可爱的"伙伴"——蜻蜓、蝴蝶、蚯蚓等各种生物，我们和它们热情地打招呼（读生物名称）。旅途劳累时，我和同学们还稍作休息，我们用游戏的方式消除疲劳（和生字交朋友，即用生字口头组词）。总之，从出发到结束，我一直是学生的伙伴，是他们遇到困难时的支持者，是他们有所收获时的赞美者。那时，我已不是威严的老师，而是一个没有脾气，又特别温和的导游阿姨。因此，整节课的学习活动都是轻松而愉快的。

逼真的视听冲击力，使教学与艺术其实并不遥远

以新课标为指导，我根据班内学生的学习能力和水平精心设计了教学方案，努力在本次教学中培养学生的识字能力。下面，我将展开谈谈本次教学中的学习过程和我的体会。

利用多媒体课件，向美术借用瑰丽的色彩，享受从视觉开始。识字课我们先不看字，先来欣赏一幅美丽的风景画。于是，我说我是导游阿姨，要带同学们去郊游，同学们一看我的装扮就开心起来。趁着同学们兴致高昂，我将一幅色彩明丽的风景画展现在屏幕上，让学生们去欣赏、感受郊外的美景：那黄灿灿的油菜花，蔚蓝的天空，几片轻软的白云，远处青绿的树木，虽身在课堂，可心已深深地融入大自然中，甚至已感觉到春风温柔地拂过发梢。就在陶醉之际，屏幕上出现一只可爱的蜻蜓，让它在空中翩翩飞舞。

这样一个"舞者"的出现，学生倍感新鲜有趣。同时，我继续引导，让学生能用不同的表达方式和蜻蜓打招呼。这样人性化地观察、理解自然，心也更能贴近自然。当然，感性的认识最终还要过渡到理性的思考。接下来，屏幕上出现词语"蜻蜓"（带拼音），让学生来认识一下"新朋友"的名字。这样，通过形象化的感知，再到理性化的思考，最终我们在一片明亮瑰丽的色彩中掌握了生字的读音。

向生活借用智慧。你有过礼物不期而至的经历吗？那份惊喜会久久萦绕在我们心际。这就是生活给我们情感带来的喜悦体验。而我们的教学也是一样，应该让学生不断获得惊喜和满足。

识字与现实生活也是紧密相连的。对于结构复杂的汉字，我们怎样教学才能让学生记得轻松又愉快呢？一句话，走进生活，在生活情景中记忆。于是，在分析记忆字形这一环节，我灵机一动，说"新朋友"有礼物送给同学们。这一招果然有效，学生激动起来，对未知的"礼物"产生了极大的好奇心，这样的好奇心将是进一步学习的良好开端。当然，激起学生对"礼物"的兴趣不是目的，真正的目的是要将这一兴趣转移到生字的字形结构上去。随后，我再点出生字及礼物，原来礼物就是生字旁插着的一朵含苞欲放的金菊。这样一朵小小的花将单调的生字点缀得有了些生趣，从视觉上起到了冲击学生感官的作用。紧接着，我再激励学生们，若谁有办法记住这些生字的字形，鲜花就会为谁开放。此时，一种微妙的好胜心在学生幼小的心里悄悄产生，我似乎感受到一种有趣的竞争意识在学生的眼睛里流动。接下来，小组内探讨记忆方法，形式多样，出现了"加一加（偏旁加部首）""减一减""打谜语""编顺口溜"等多种识字方法。最后，在班内汇报交流时，学生们踊跃举手，积极发言，表现出强烈的参与意识。那一朵朵怒放的菊花在我们心中又留下了美好的记忆。

总之，生活中处处有语文，也处处会用到语文，语文教学生活化，不仅可以克服传统语文教学中只重语言智能的弊端，还优化了教学过程，使以创新精神与实践能力为核心的素质教育真正落到实处。语文教学只有扎根于生活这一片沃土，才能发芽，开花，结果。

利用多媒体课件，向音乐借用一分轻快，感悟就在"音画"间。在前两个环节中，我们欣赏了美丽的风景，感受了鲜艳明丽的色彩。那么，如果同时拥有美景与轻快的音乐，那该多么惬意。可是，这样的意境需要我们和我们的学生去共同创造。在理解字义时，我设计了"午间休息"做游戏活动，即和生字宝宝交朋友（用生字组词、造句）。然后，"秘密跟踪"——看图说话。最后，让大家到花丛中去读书，在读书中感悟。这还没完，"旅行"如此愉快，乘兴让我们高歌一曲，自由谱曲，将儿歌编成悦耳动听的歌曲。学生天真烂漫，不管是否符合音律，竟创作出了好几种唱法。最后，选中一首，师生齐唱。此时，原本就富有节奏的儿歌，在我们创造性地改编下，变成了一首首风格各异的歌曲。而这些在我们用音律的标准看来还不够成熟的歌曲，却是学生们自己创作并喜爱的"仙乐"呢。所以，此时音律并不重要了，而学生能学得开心，并收获学习成功的喜悦和经验就已经是我们教学最大的成功了。你看，原本教学中令我们头疼的生字字义的感悟，就在"音画"间轻轻松松实现了。

看来，对年龄尚小的孩子们来说，借助形象进行记忆远比记忆单一的文字、符号要容易得多。加之，他们的理解、概括等思维能力还很有限，有意注意的时间还很短。因此，像这样结合音乐中美妙的旋律给学生多方面的刺激，对于提高学习效率起到了很大的作用。

利用多媒体课件，让浮躁的心在书写时归于宁静。在本次课的教学中，最后一个环节是指导写字。刚刚经过了视觉和听觉上的冲击，学生的心早已躁动不安，那么，让我们来点轻音乐，认真欣赏汉字运笔之美。再通过亲笔练习来体会汉字的书写方法。心静则落笔稳，写好字就从这里开始。

【案例二】

郑立平老师是山东省特级教师，全国十佳班主任，山东省十大创新班主任。他在班级管理中有许多创新的方法。

表情监督员

天天和学生打交道的班主任往往更容易情绪激动，如果管理不好自己的情绪，说出过激的语言或做出过火的行为，有可能扩大事态，酿成恶性事件。问题的关键在于，教师作为当事人，深陷当时的环境中，很难及时意识到自己的言行和后果。所以，要想使教师及时有效地把握自己的情绪，最好得有一个外在因素的干预。我精心挑选了两个位于前排聪明灵活而礼貌大方的孩子，担任一个特殊的职务——"表情监督员"。我叮嘱她们："在课堂或集会中，看到老师情绪激动时，就赶紧偷偷地摇手示意；如果老师没有发现，就站起来，假装询问问题，及时用语言、眼色或手势等提醒老师注意。"在这两名"表情监督员"的帮助下，我开始注意把握和控制自己的情绪，教室里始终洋溢着轻松的氛围。

"四联单"评语

随着教育理念的提升，班主任们逐渐注重评语的鼓励性和过程性，评语的内容和形式都发生了很大的变化。但从根本上说，很多变化更多地表现为人称和口气的变换，并没有真正触及本质。首先，现在的评语仍然只是班主任的"一言堂"，作为评价对象的学生没有发言权；其次，学生生活在一个复杂的环境中，除了教师外，还有很多其他因素对其成长也起着重要作用，特别是同学和家庭的影响，而这些在评语中没有体现。最好的评语应是在教师、家长、同学等进行综合性评价基础上的学生自主性评语。于是，我开始大胆推行"四联单"式评语，包括"同学的真心话""老师的评价与希望""孩子，我想对你说（家长的话）""自我反思与总结"四项内容。

班务活动竞标制

班务活动，无论是以前低效率的轮班制，还是目前分工明确、责任到人的承包制，都是在班主任的指定安排下，由学生小组或个人被动完成的。时间长了会逐渐产生机械应付、拖沓等现象，使班级活动的质量和效果明显大打折扣，同时也不能实现让学生在参与中得到锻炼和提高的目的。受工程投标的启发，我想到了班务活动竞标制，把班级日常工作中的组织权、管理权全部以竞争投标的形式，承包给个人或小组，由他们负责规划设计、组织安排、实施完成。班主任及班务委员会负责验收评价，并在小组和个人综合考核中给予奖励性加分。例如，班级要迎接学校黑板报评比检查，我或常务班长，就把任务的主要内容传达给班级学生，提出具体要求和目标，特别是把奖励措施讲清楚。然后各小组或学生，就可以自己联络同学，组成投标小组，写出完成任务的具体计划和预期目标，班主任和班委会认真考虑各"投标书"的可行性后，做出最终选择，向全体学生公布。"中标"小组立即开始工作，班主任和任课教师提供无条件的帮助和支持。

阅读法转化后进生

我在一个学困生身上进行的"阅读法转化后进生"尝试获得巨大成功后，就开始在数学教学中大力推行。我不再机械地为他们补知识，而是根据每个后进生的性格、爱好、习惯、基础等各方面情况，从培养他们良好的读书和思考习惯入手，首先给他们提供和推荐符合各自特点的书目，鼓动和要求他们充分利用课堂或课余时间来读书。对理解能力差的学生，我就让他们读《福尔摩斯探案集》《寓言故事》《智慧与人生》等书籍；对数学没兴趣的学生，我则让他们读《趣味数学》《数学演义》《生活中的数学》等通俗易懂的数学人文读本……

第四节　学会用反思促进成长

反思是一个广泛使用于教育领域的术语，它常和实践中的学习和发展联系在一起。

教学反思就是教师以自己的教学活动为对象，对其中遇到的一些教学问题进行审视和分析，并不断从中感悟经验、总结经验、积累经验的过程。教师成长和发展的第一步，就在于教师自身的反思，教师对自身的评价和教师自身的自我改造。很多研究表明，反思在教师的成长中具有举足轻重的作用。比如，美国学者波斯纳的研究指出，教师的成长离不开对已有经验进行反思，经验＋反思＝成长；我国学者张立昌的研究表明，如果一个教师不对已有的经验进行反思，即使有 20 年的教学经验，也许只是一年工作的 20 次重复；除非教师善于从经验反思中吸取教训，否则不可能有什么改进。

反思这个词，本身就有反省的意思，通过对当前情况的总结、研判和分析，总结上一阶段行为的得失，进而对行为进行修正，重新制订下一步工作计划，以达到更好的实际效果。所以说，反思与思考还是有着很大区别的，反思本身是吸取经验最有效的手段之一，要成长为一名专家型教师就要学会把反思当成一种工作方式，学会用反思促进成长。

既然我们都已经知道专家型教师的成长离不开教学反思这一重要方法，那么到底该如何进行教学反思，教学反思主要包括什么内容，让我们一一来看。

一、教学反思的路径

（一）对教学全程进行反思

作为教师，我们对自己教学的观念、行为、设计理念都可以进行深刻地反思。在编制教案时，就可以多问几个为什么，为什么要这么讲解这个问题？为什么要这么提问？为什么用了这个案例？为什么课堂活动这么设计？这样自然可以取得更好的教学效果。在教学过程中，遇到突发的状况，或者出乎意料的问题时，一定要及时思考，及时调整教学思路和方法，不可硬着头皮按照旧的模式往下走。这样的课堂才能碰撞出智慧的火花，才能活跃有趣。最后，就是要进行课后反思，这是反思里极重要的一环，课后教师一定要认真反思本节课的得失，哪里是亮点，哪里可以做得更好一些，哪里做得不对，这样下一节课就可以做得更好，这样就能够成长，这样距离专家型教师就更近了一步。

（二）通过学生的反馈进行反思

教师所有的教学行为面对的就是学生，学生时刻观察着老师，有时候也会琢磨讨论。其实教师仔细观察学生的行为，课堂上的状态，学生的成绩就能看出自己教学的情况。再通过和学生直接的交流，让学生说出自己的感受和对教师的期待，那对于教学的改进是大有裨益的。所以，我们要学会从学的角度看教的问题，关注学生的需要、学生的发展状况等，通过学生各种直接的或者间接的反馈，来进行自己教学行为、教学方式以及教学思想的反思。

（三）通过家长的反馈进行反思

现在的家长往往比学生自己更关心他们的学习和进步，家长发现学生学习以及成长过程中的一些问题是教师难以发现的，他们据此的一些思考，也可以给教师提供另一种思考问题的思路。因此必须关注家长的反馈，通过家长的反馈来看学生对于教学的反应，是教师进行教学反思的一个重要路径。需要特别提示的是，家长可能因为对教育规律不太了解以及可能发生关心则乱的情况，教师在听取家长意见时应该有所辨别和取舍。

（四）通过同事反馈来进行反思

同行听课，专家听课是我们经常进行的教学行为。听课结束之后，一定要积极与他们交流和对话，多咨询，多请教，千万不可听完就了事。通过真诚的交流，让他们可以坦诚地提出自己教学中存在的问题，以便修正和改善，从而提高自己的教学水平。甚至我们可以邀请对自己的教学领域非常熟悉且要好的同事到自己的课堂，对自己提出更加直接和中肯的建议。

二、教学反思如何写

对于教师来说，对自己的教学实践全过程进行全面而深刻地总结和思考，就是教学反思。教师可以通过不断地进行教学反思，不断地发现和解决教育教学实践中的问题，不断地提高自身能力、改善教学方式、提升教学思想，使自己真正成长为一名"学高为师，身正为范"的优秀教师。

教学反思用一句简单的话来说，就是仔细琢磨，寻找更好的教学方法和教育思路。写教学反思除了有助于提高自己教学专业能力之外，对于其他老师来说也是一种借鉴和参考。那么教学反思到底如何写呢？

（一）批注自己的教案

这是写教学反思最简单常用的方法，非常容易操作。批注自己的教案，顾名思义，就是在教学后直接在教案的空白处进行批注。这个批注，可以是针对教学的某个环节，某个知识点的讲解方法，课堂上某个闪光的瞬间，某个特殊情况的处理，甚至是对自己有所触动的某个学生的表现。批注的内容不限，篇幅不限，有话则长，无话则短，无论篇幅长短，只要是有感而发就行。

（二）撰写教后记

教后记就是教师在课堂教学结束之后，对课堂教学活动情况的总结和分析。可以是对课堂成功经验的总结，也可以是对不足之处的反思，这是对教学经验素材的一种积累，是改进教学方式的一种有效方法。教后记可对一节课进行系统地回顾、梳理，并对其作深刻地反思、探究和剖析，使之成为今后教学的指导，使教学水平更上一层楼；教后记还可以记录课堂教学中，师生的思维发展及情感交流中碰撞出的智慧火花；教后记还可以记录学生在课堂上的一些独特见解，记录那些闪烁着的创新火花。教后记其实并不难写，困难的是坚持。就像叶澜老师曾经说过的："一个教师写一辈子教案不一定成为名师。如果一个教师写三年反思可能成为名师。"

（三）进行再教设计

一节课下来，静心沉思，摸索出了哪些教学规律，教法上有哪些创新，知识点上有什么发现，组织教学方面有何新招，解题的诸多误区有无突破，启迪是否得当，训练是否到位等。及时记下这些得失并进行必要的归类与取舍，考虑一下再教这部分内容时应该如何做，进行再教设计并记录下来，这就是一个很好的教学反思。

三、教学反思写什么

了解了如何进行教学反思以及撰写教学反思的方法，要把教学反思落到笔头上，关键还在于教学反思的内容，即教学反思写什么。总的来说，教学反思最基础的内容可以写成功之处、不足之处和记录学生的反馈。

（一）写成功之处

一堂课过后，总会有一些闪光的瞬间值得总结并记录。我们教师应该把总结成功经验当成一种习惯来坚持。这样，不仅有助于自我积累，促进个人教学风格的形成，更为今后教学工作的提高起到极大的帮助。教学反思可以记录的成功之处包括：按照教学计划实施并成功实现的教学目的以及所使用的成功方法；对现场教学中不可预测的突发问题进行分析并总结成功应对的经验；合理、有特色板书的设计思路总结；对常用教学方法研究与实践的记录；对于行业、专业中基础理论进行学习研究的心得体会；自我改进、创新教学风格及方法的实践细节。

（二）写不足之处

完美的课堂教学是不存在的，再周密的课前设计，再成功的现场发挥，都无法做到毫无纰漏，甚至还有犯原则性错误的可能。这就需要我们在下课后认真回顾总结，从每一个细节下手，找到问题的根源，深度剖析并提出改进的方法，为这些方法找到实践的理论依据，以不断完善现场教学工作。

（三）记录学生反馈

无论是在课堂上，还是在课后，教师都应注意收集、整理学生集中反映的难点和问题，把它们进行归纳、总结，从而促进自己的教学整改。教师有时还会有向学生们学习的机会，有些同学反馈出自己的认知和理解，独树一帜，特点鲜明，我们不应忽视，这些思路也许对教师开阔创新教学思路和创立创新教学方法有着"奇效"。

总之，教师进行教学反思应该注意及时性、持续性，真正做到实事求是，抓重点，不冗长，做到反思与总结相结合，理论积累与教学实战相结合。

其实现在越来越多的教师意识到了教学反思的重要性，也养成了写教学反思的习惯，但是凡事都是知易行难。第一难在坚持，写反思必须是日积月累、长期坚持的工作，但是教师上一天课已经非常疲乏，下班了还要批改作业，照顾家庭，写反思常常就成了一件三天打鱼两天晒网的事情，所以坚持是写反思首先要做到的一点。写反思难的第二个原因是惯性使然，反思的问题并没有在行动中进行改进，让反思只是变成了一纸空谈，使得教学反思也就失去了应有的意义。因此，教学反思不应只是写在纸面上，更重要的是落实在实践中。

参考文献

［1］张玉田.学校教育评价［M］.北京：中央民族大学出版社,1998.

［2］桑新民.呼唤新世纪的教育哲学［M］.北京：教育科学出版社,1993.

［3］联合国教科文组织.教育的使命：面向 21 世纪的教育宣言和行动纲领［M］.北京：教育科学出版社,1998.

［4］高峡，等.活动课程的理论与实践［M］.上海：上海科技教育出版社,1997.

［5］叶澜.新世纪教师专业素养初探［J］.教育研究与实验,1998（1）.

［6］杨秀玉.教师发展阶段论综述［J］.外国教育研究,1999（6）.

［7］俞国良，罗晓路.教师教学效能感及其相关因素研究［J］.北京师范大学学报（社会科学版）,2000（1）.

［8］俞国良，辛自强.教师信念及其对教师培养的意义［J］.教育研究,2000（5）.

［9］叶澜，白益民，等.教师角色与教师发展新探［M］.北京：教育科学出版社,2001.

［10］钟启泉.教师"专业化"：理念、制度、课题［J］.教育研究,2001（12）.

［11］陈桂生."专家型教师"辨析［J］.江西教育科研,2003（4）.

［12］丁林兴.专家型教师与教师专业意识的自我觉醒［J］.中小学教师培训,2004（9）.

［13］袁振国.当代教育学［M］.北京：教育科学出版社,2004.

［14］朱慕菊.走进新课程——与课程实施者对话［M］.北京：北京师范大学出版社,2002.

［15］陈时见.论新时期教师培养模式改革［J］.西南农业大学学报（社会科学版）,2006（2）.

［16］赵祥麟，王承绪.杜威教育名篇［M］.北京：教育科学出版社，2006.

［17］郑友训.教师教育一体化课程建构的理论与实践［J］.课程·教材·教法，2006（6）.

［18］余文森.教育博客：教师专业成长的航程［M］.福州：福建教育出版社，2007.

［19］陈大伟.教育科研与教师成长［M］.上海：华东师范大学出版社，2009.

［20］郑百伟.教师继续教育模式研究与探索［M］.北京：中国人民大学出版社，2009.

［21］郑颖，盛群力.如何成为一名专家型教师［J］.远程教育杂志，2010（6）.

［22］白改平，韩龙淑.专家型—熟手型数学教师课堂提问能力的个案比较研究［J］.数学教育学报，2011.

［23］朱旭东.教师专业发展理论研究［M］.北京：北京师范大学出版社，2011.

［24］陈永明，等.教师教育学［M］.北京：北京大学出版社.2012.

［25］丁月.教师合作学习存在的问题与对策［J］.现代教育科学，2013（8）.

［26］杨秀玉，任辉.实习教师的实践性知识及其生成路径探析——基于国外学者的研究［J］.外国教育研究，2015（8）.

［27］王道俊，郭文安.教育学(第七版)［M］.北京：人民教育出版社，2016.

［28］江梅，杏坛寻梦 ——特级教师成长记［M］.广州：华南理工大学出版社，2017.

［29］韩玉洁.基于原型观理论的高校专家型教师成长路径［J］.高教学刊，2019（21）.

［30］刘通，姜雪青，等.中美科学教师职业信念与教学实践的对比研究

［J］.世界教育信息,2019（24）.

　　［31］卢晨燕,丰玉芳.专家型教师课堂师生互动行为分析［J］.海外英语,2019（19）.

　　［32］王建磐.教师专业化与教师教育政策的选择［J］.高等师范教育研究,2001（5）.

　　［33］吴义昌.中美专家型教师标准及比较［J］.教育科学研究,2003（3）.

　　［34］卢真金.试论学者型教师的成长规律及培养策略［J］.高等师范教育研究,2001（1）.

　　［35］刘岩.论专家型教师的素质及培养［J］.鞍山师范学院学报,2001（3）.

　　［36］周志平.面向 21 世纪科研、专家型教师的塑造［J］.石家庄师范专科学校学报,2001（3）.

　　［37］常海山、孟保才.怎样成为专家型教师［J］.中小学教师培训,2000（1）.

　　［38］吴义昌.中美专家型教师标准及比较［J］.教育科学研究,2003（3）.

　　［39］赵昌木.教师成长:实践知识和智慧的形成及发展［J］.教育研究,2004（5）.

　　［40］李瑾瑜,柳德玉,牛震乾.课程改革与教师角色转变［M］.北京:中国人事出版社,2002.

　　［41］邵瑞珍.教育心理学——学与教的原理［M］.上海:上海教育出版社,1983.

　　［42］李如密.教学风格论［M］.北京:人民教育出版社,2002.

　　［43］王北生.教学艺术论［M］.河南:河南大学出版社,2001.

　　［44］张翔.试论教学艺术之本质［J］.教育研究,1987（3）.

　　［45］程少堂.教学风格论［J］.教育科学,1988（2）.

　　［46］卢真金.教学艺术风格发微［J］.现代中小学教育,1991（2）.

　　［47］吴也显.教学论新编［M］.北京:教育科学出版社,1991.

［48］郑海枝.教师专业发展与教师的知识结构［J］.湖南教育,2003（20）.

［49］朱宁波.中小学教师专业发展的理论与实践［M］.长春:吉林出版社,2002.

［50］唐玉光.教师专业发展的研究［J］.外国教育资料,1996（6）.

［51］芮火才.兴趣是最好的老师——我的成长故事［J］.江苏教育,2006（9）.

［52］徐红.专家型教师成长规律与培育机制［M］.北京:科学出版社2019.

［53］张国.用挚爱和责任书写奉献［J］.北京教育（普教）,2013（1）.

［54］续梅.近看远行的孙维刚［N］.中国教育报,2005 –01–24（4）.

［55］［日］上寺久雄著,赵一奇译.教师的心灵与风貌［M］.北京:春秋出版社,1989.

［56］张立昌.试论教师的反思及其策略［J］.教育研究,2001（12）.